マンガでわかる

貿易実務のきほん

貿易実務講師
木村雅晴 著
松浦はこ マンガ

ナツメ社

はじめに

　2019年の春、元号が「平成」から「令和」へと改められました。新しい元号を迎えたことで、新しい時代の始まりのような高揚感を抱いたことをよくおぼえています。

　年を重ねると、ときが流れるのがつくづく早いものだと感じます。私が初めて貿易実務書を執筆したのが、「昭和」の終わり頃でした。それから30年間、「貿易の仕事はおもしろい」「貿易実務は楽しい」をモットーに執筆活動を続けてきました。

　貿易会社でのサラリーマン生活を20数年経験しました。その後独立し、ここ10数年は、毎月のように地方で貿易セミナーを開催しています。ご参加いただく受講生も多く、参加企業も年々増加しています。とくに地方の中小企業の方々の海外ビジネス、貿易取引への新規参入に対する熱い息吹を感じています。

　そのようなセミナーの終了時に、よく質問を受けます。たとえば、「私は貿易の仕事が好きで会社に入りましたが、どうしたら貿易実務をマスターできますか？」と、熱い気持ちを抱えた新入社員の方が尋ねてくれます。また、企業経営者の方からは、「弊社は貿易取引を開始したばかりだが、貿易実務に精通した社員を育てなくてはならない。どうしたらいいか？」という相談も受けます。

　世界の国々の人たちと取引を行う貿易実務の仕事は、とても人気があります。貿易実務は、貿易ビジネスを側面から支える専門

的な仕事です。貿易実務をマスターするために、まずは基本的な「仕事の流れ」と、仕事で使われる専門用語を理解することが大切です。

「貿易取引には興味があるが、貿易実務はむずかしそう」という声をよく聞きます。まだ貿易実務の仕事に携わったことがない人、あるいは携わり始めて間もない人にとって、「仕事の流れ」や専門用語を理解するのはなかなかハードルの高いことでしょう。

そこで、気軽に読んで、楽しく理解できる「マンガ」を活用した貿易実務書をつくりました。まずはマンガを読んで、仕事の大まかな流れとポイントをつかんでください。そのうえで、本文と図解のページを読んで、さらに理解を深めていってください。

これからは若い人の力がもっと必要な社会になります。そこで、ぜひ貿易ビジネスの世界を志す学生や他業界の方々、貿易関連会社の新入社員の方々、貿易ビジネスの世界で日々奮闘している方々に、本書を活用していただきたいと思います。

本書が貿易に興味があるみなさんにとって、少しでもお役に立つことができれば、これ以上の幸せはありません。

木村雅晴

マンガでわかる　貿易実務のきほん もくじ

マンガ 1 あこがれの貿易の世界へ！ ──────── 2

はじめに ──────────────────── 10

本書の見方 ─────────────────── 18
登場人物紹介 ────────────────── 20

序章 さあ、貿易の世界へ飛び込もう！

貿易のしくみを知ろう ──────────────── 22
貿易実務って何だろう？ ─────────────── 24
貿易取引の流れ（輸出） ─────────────── 26
貿易取引に関わる人たち ─────────────── 28
貿易実務者のキホン ──────────────── 30
海外企業と取引する ──────────────── 32
貿易コラム 1 「新人」という特権を最大限に活かそう ──── 34

第1章 貿易って、誰が、どんな仕事をするの？

マンガ 2 貿易ビジネスに関わる人たちを知ろう！ ── 36

01	輸出者（輸出企業）	44
02	輸入者（輸入企業）	46
03	船会社・NVOCC	50
04	航空会社・混載業者	52
05	通関業者・税関	54
06	海貨業者・倉庫会社	56
07	ドレー会社・検量機関・検数機関	58
08	銀行・保険会社	60

貿易コラム 2 商工会議所を活用しよう ── 62

第2章 輸出相手を見つけて契約をしよう

マンガ 3 誰とどのような契約を結ぶか、それが問題だ！ ── 64

01	市場調査と信用調査を行う	74
02	取引相手を選定する	76
03	輸出の交渉をする	78

04	契約を結び、契約書を交わす	80
05	決済条件を決める	82
06	貿易条件を定める	84
07	数量条件を確認する	90
08	貿易取引に関わる法律	92

Documents Flow 契約書の流れ ……… 94

第3章 国際輸送の手配をしよう

マンガ 4 輸送スケジュールを立てるのだ！ ……… 96

01	輸送方法を選ぶ	106
02	海上輸送の基本と種類	108
03	コンテナ船による輸送	110
04	海上運賃のしくみ	112
05	航空輸送の基本と種類	114
06	航空運賃のしくみ	116
07	国際複合輸送の基本と種類	118
08	国際宅配便サービス	120

Documents Flow 船積み手続き依頼の流れ ……… 122
Documents Flow コンテナ船への船積み手続きの流れ ……… 123
書類見本❶ Invoice（送り状） ……… 124
書類見本❷ Packing List（包装明細書） ……… 126
書類見本❸ Shipping Instructions（船積依頼書） ……… 128
Cargo Flow 工場からフォワーダーの倉庫までの流れ ……… 130

第4章 通関の手続きをしよう

マンガ 5 何かを輸出するには税関の許可がいるんです！ — 132

01	通関手続きの基本	140
02	税関の審査	142
03	税関検査のポイント	144
04	NACCSって何だ？	146
05	関税のしくみ	148
06	関税を納付する	150
07	AEO制度のメリット	152
08	事前教示制度の利用	154

Documents Flow 通関手続き依頼の流れ — 156

第5章 船積みの手続きをしよう

マンガ 6 コンテナターミナルへ行ってみよう！ — 158

| 01 | コンテナ船の船積み | 166 |
| 02 | コンテナ船の輸送施設 | 168 |

03	コンテナの取り扱い	170
04	コンテナの陸上輸送	172
05	梱包・荷姿のポイント	174
06	航空貨物とULD	176
07	航空機に貨物を搭載する	178

Documents Flow 船荷証券（Bill of Lading）の流れ ── 182
Documents Flow 航空貨物運送状〔Air Waybill〕の流れ ── 183
書類見本❹ Bill of Lading（船荷証券） ── 184
Cargo Flow フォワーダーの倉庫から本船出港までの流れ ── 186

第6章 代金を回収しよう

マンガ 7　きちんと代金を回収するまでが仕事です！ ── 188

01	送金手続きのしくみ	196
02	信用状取引の基本	198
03	信用状取引に関わる人たち	200
04	信用状の種類とポイント	202
05	信用状の買取手続き	204
06	ディスクレに対応する	206
07	外国為替相場のしくみ	208

Documents Flow 買取手続き依頼の流れ ── 210

第7章 保険・クレームの基礎知識

マンガ ❽ もしもに備えるには……そう、保険です！ ── 212

- **01** 貨物海上保険の基本 ── 220
- **02** 保険契約時の注意点 ── 222
- **03** 貨物海上保険の種類 ── 224
- **04** 保険求償手続きを行う ── 226
- **05** 貿易保険の基本 ── 228
- **06** もしもクレームが起きたら？ ── 230

Documents Flow 保険証券（Insurance Policy）の流れ ── 232
書類見本❺ Insurance Policy（保険証券） ── 234

マンガ ❾ 小さな一歩、されど大切な一歩……！ ── 236

書類見本❻ Surrender B/L（サレンダーB/L） ── 244

まずはこれだけ！おぼえておきたい貿易用語集 ── 246
おぼえておくと役立つ 単位・かたちを表す用語 ── 251

さくいん ── 252

本書の見方

本書は、初めて貿易実務について学ぶ人でも1から理解できるように、わかりやすい文章と図で解説しています。大きく分けて、本文ページとマンガページで構成されています。また、実際に使われる貿易書類の見本も掲載しています。

やさしくていねいな文章で解説。重要なポイントは、色マーカー＆太字で強調しています。

仕事・貨物・書類の流れや関係性などを、すっきりわかりやすい図解で解説しています。

図解の理解がより深まるよう、マンガの登場キャラクターによるワンポイントアドバイスを盛り込んでいます。

書類見本ページ

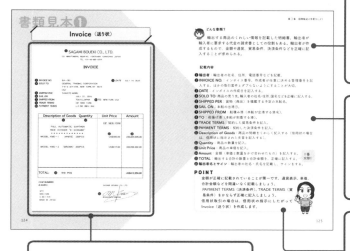

その貿易書類を誰が、何のために作成するのかという基本を解説しています。

貿易書類に必要な記載事項をまとめています。左ページの番号と照らしあわせて、チェックしてください。

実際に使われる貿易書類の見本です。マンガのストーリーに合った内容で作成しています。

実務時のポイントやアドバイスです。ぜひ参考にしてください。

マンガページ

各章の冒頭にあるマンガで、その章の基本ポイントを解説しています。マンガを読むだけで、貿易実務の流れとポイントをつかむことができます。

主な登場人物は次ページで紹介しています。

19

登場人物紹介

輸出者 **サガミ貿易** 横浜に本社を構える小規模な商社。輸出部門ではアジアや北米に向けて、日本の伝統品や食品を扱っている。

渡瀬 七海（25）

「日本と世界をつなぐ仕事がしたい」と一念発起し、転職。輸出課業務チームに配属。誰とでもすぐに仲良くなれる。妄想癖がある。

島原 秋帆（41）

輸出課業務チームのリーダー。社歴20年という貿易実務のプロフェッショナル。仕事にはきびしいが、根はやさしい。

浜岸 渉（33）

輸出課営業チームのエース。完璧主義者で、つぎつぎと輸出プロジェクトを成功させている。フルーツウォーターは手放せない。

舟橋 洋介（52）

輸出課課長。のんびりした性格だが、個性の強い輸出課のメンバーを温かく見守っている。

輸入者 **ジェネラル・トレーディング**

米国ニューヨークの商社。日本企業とのビジネス実績が豊富。

Kyle Anderson（35）

バイヤー。合理主義で、最新のデジタルデバイスを使いこなす。取引相手は、この目で確かめるのがポリシー。

フォワーダー **京浜ロジスティクス**

通関業務や海貨業務などを一手に担う物流のスペシャリスト。

磯ヶ谷 通（38）

営業。知識と経験が豊富で、頼れる存在。

メーカー **ニューライフ**

東京にある家電メーカー。技術に裏うちされた信頼性の高さが売り。

浦部 航平（37）

営業。自社商品に自負がある。

松浪 満（53）

工場長。昔ながらの職人気質。

船会社 **ジャパン・シッピング・ライン**

旧財閥系船会社で、欧米の主要港に多数の定期便を運航している。

津久田 太洋（27）

営業。国立大学出身。スマートに仕事をこなす。

※この物語はフィクションです。

序章

さあ、貿易の世界へ飛び込もう!

この章の内容

- 貿易のしくみを知ろう
- 貿易実務って何だろう?
- 貿易取引の流れ（輸出）
- 貿易取引に関わる人たち
- 貿易実務者のキホン
- 海外企業と取引する

貿易のしくみを知ろう

貿易とは、海外の相手と交渉し、商品やサービスの売り買い(取引)をすること。海外に商品を売ることを輸出、海外から買うことを輸入といいます。

貿易にはたくさんのプロが関わっている

　貿易取引は遠く離れた場所にいる海外の相手と取引をするため、売買契約後に商品が届かなかったり、代金が回収できなかったりと、さまざまな損害が発生するリスクがあります。そこで輸出者は、商品を安全かつ確実に届け、代金を安心して回収できるように、船会社や航空会社、フォワーダーなどの専門業者、銀行や保険会社などに協力してもらって、取引を行っています。

貿易取引は、海外へ商品を売る「輸出者」と海外から商品を買う「輸入者」が中心となって行われる。

輸出される商品は、通関のプロから輸送のプロへと、各分野におけるスペシャリストたちによるリレーで目的地まで運ばれていくのよ

輸出者の仕事は営業と事務に分けられる

輸出者の仕事には、海外の取引先と交渉して契約を結ぶ営業職と、輸出品を海外に輸送するための手続きや書類作成などを行う事務職があります。

営業

商品を売り込み、取引先と交渉を行う。展示会などで商品の販売促進を行うこともある。

事務

必要書類を作成したり、通関業者や船会社に業務を依頼したりする。

> 会社の規模によっては、貿易実務者が事務だけでなく営業の仕事を行うこともあるぞ

日本の主な輸出入品

日本は原料を海外から輸入し、それを加工・製品化して輸出する加工貿易を得意としています。代表的な輸出品は、自動車や精密機械など、高い技術力を活かしたものばかりです。

一方、日本の食料自給率は約40％といわれており、多くの食料を海外からの輸入に依存しています。

貿易実務って何だろう？

貿易実務とは、輸出入取引に関わる事務仕事のことです。専門知識と語学力を駆使して、貿易ビジネスを進める人を貿易実務者といいます。

最前線で活躍する貿易取引のプロ！

　貿易実務の仕事内容は、交渉・契約、商品の受注・発注、貿易書類の作成・処理、輸送手続き、通関手続き、保険手続き、代金決済からクレーム処理まで多岐にわたります。

　書類の作成、申請・手続きなど、取引をサポートする業務がメインですが、貿易取引の実現に欠かせない重要な役割を担っているのです。

● **貿易実務の主な業務**

序章　さあ、貿易の世界へ飛び込もう！

貿易実務者はさまざまな会社で働くことができる

　貿易実務者が活躍できるフィールドは幅広くあります。製品をつくって自ら輸出するメーカー、輸出入の仲介をする商社、貨物の輸送を請け負うキャリアー（航空会社と船会社）やフォワーダー（通関業者や海貨業者）などが主な就職先となります。

　昨今、多くの中小企業がビジネスチャンスの拡大をねらって、貿易ビジネスに新規参入しています。そのため、貿易実務者の需要はますます高まっていくでしょう。

　貿易実務の仕事には、語学力の獲得や異文化との触れあいなど、数多くの魅力があります。

● 貿易実務の魅力

取引を完結させたときの達成感
商習慣や言語のちがいを乗り越え、貿易取引を完結させたとき、大きな達成感を得られる。

語学力などのスキルが高まる
貿易取引に必要な専門知識はもちろん、語学力など一般的なビジネススキルが身につく。

異文化に触れることができる
文化や考え方のちがいに触れる機会が多いため、自然に国際情勢に興味を抱き、海外が身近に感じられるようになる。

貿易取引の流れ（輸出）

貿易実務を滞りなく行うためには、貿易取引の流れを理解することが大切です。ここでは輸出者の視点で、貿易取引のおおまかな流れを見てみましょう。

輸送の手配をする

輸出商品に適した輸送方法を選ぶ。商品が準備できたら、フォワーダーに貨物の引き取りと手続きを依頼する。

▶▶▶ 第**3**章

輸出相手を見つけて契約する

市場調査をして、輸出する商品を決める。輸入者と交渉し、貿易取引の契約を結ぶ。

▶▶▶ 第**2**章

貿易に関わる登場人物を知る

貿易取引には、輸出入者やフォワーダー、船会社、航空会社、公的機関など、さまざまな人や組織が関わっている。それぞれの役割やポイントを押さえよう。

▶▶▶ 第**1**章

序章　さあ、貿易の世界へ飛び込もう！

代金を回収する

信用状取引の場合、信用状に記載されている必要書類がすべてそろっていないと代金が回収できないので要注意だ！

信用状取引の場合、商品が無事に輸出されたら、為替手形や船積み書類に信用状を添えて銀行に提出して、代金を回収する。
▶▶▶ 第**6**章

商品に保険をかける

商品の破損や本船の沈没などのリスクに備えて、商品に貨物海上保険をかける。
▶▶▶ 第**7**章

船積みの手続きをする

輸出許可が出たら、フォワーダーに手続きを依頼して、商品を船会社の施設へ運び、船会社が本船に積み込む。
▶▶▶ 第**5**章

通関手続きをする

輸出入には、税関の審査が必要となる。通関業者に税関への輸出申告手続きを依頼し、輸出の許可をもらう。
▶▶▶ 第**4**章

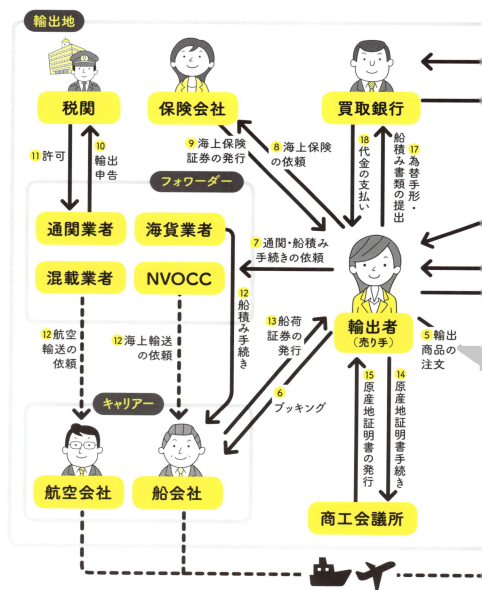

貿易取引に関わる人たち
（信用状取引・CIF条件の場合）

序章　さあ、貿易の世界へ飛び込もう！

貿易取引では、輸出入者を中心にさまざまな企業や公的機関が連携して業務を行っています。ここでは輸出者と輸入者を中心に、貿易取引に関わる各企業の関係性を見てみましょう。

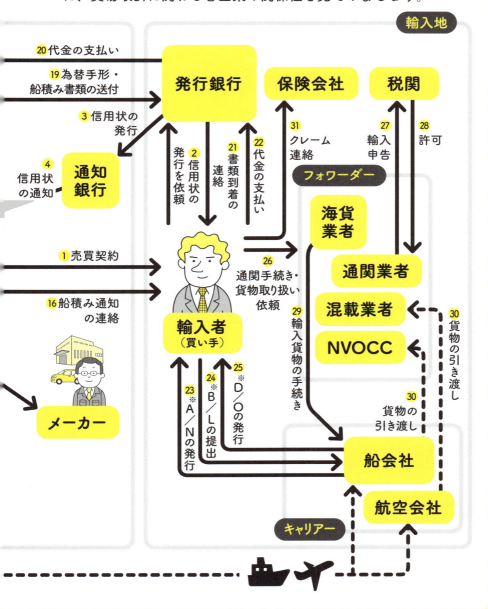

※ A/N：Arrival Notice の略。貨物到着案内のこと。
　 B/L：Bill of Lading の略。船荷証券のこと。D/O：Delivery Order の略。荷渡し指図書のこと。

29

貿易実務者のキホン

貿易取引には、「仕事」「書類」「貨物」という3つの流れがあります。こうした流れを押さえて仕事をするには、事務処理能力やコミュニケーション能力、語学力、スケジューリング能力などが求められます。

●取引における3つの流れ

1 ● 仕事の流れ（Job Flow）

貿易実務の仕事には、基本のパターンがある。仕事の流れを把握し、自分の担当している業務が流れのなかでどの位置にあるのかを把握しよう。

2 ● 書類の流れ（Documents Flow）

貿易取引で発生する書類は多岐にわたる。書類に記載される内容、作成者と提出先を把握し、正確な手順でやりとりすることを心がけよう。

3 ● 貨物の流れ（Cargo Flow）

輸出入する商品がどのように運ばれるのかをおぼえよう。商品に適した輸送方法を理解していれば、輸送手段や倉庫の手配をスムーズに行うことができる。

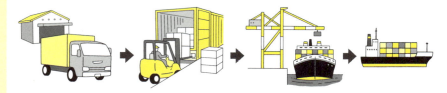

序章　さあ、貿易の世界へ飛び込もう！

●貿易実務に求められるスキル

●書類を作成する能力
国際輸送や代金回収に必要な書類などを扱う。正確かつ効率的に書類を作成するために、貿易取引に関する専門知識や基本的なパソコンの操作技術を身につけておこう。

●コミュニケーション能力
国内外の取引先、社内の各部署の担当者と良好な関係を築くためには、相手の意思や要望を的確にくみ取り、整理して伝える能力が求められる。

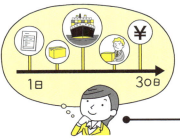

●語学力
取引先とのコミュニケーションは、英語で行われるのが一般的。英語で貿易書類を作成する知識とスキル、日常会話程度の英語力が必要となる。

●スケジューリング能力
仕事・書類・貨物の流れを把握し、期日までに商品を確実に届けるようにする。トラブルなど問題が発生したときに、代案を提案する調整能力も必要となる。

> これらのスキルを高いレベルで備えた貿易実務者は、とても重宝されるわ！

海外企業と取引する

海外企業との契約には、言語や商習慣、文化などのちがいからさまざまなリスクが生じます。安全に取引を行うためにも、貿易取引におけるリスクを理解し、「貿易用語」「貿易に関わる法律」「国際ルールや条件」といった取引のルールを学んでいきましょう。

●貿易取引におけるリスク

代金の回収リスク（信用リスク）

倒産

不払い

信用度を把握しづらい海外企業との取引では、代金が支払われない、商品が送られてこないなどのリスクが常につきまとう。

カントリー・リスク

デモ

紛争

株価の下落

相手国の政治体制や社会・経済状況の変化、災害などにより、損失をこうむったり、資金が回収できなくなったりすることがある。

輸送リスク

輸送距離や時間が長いため、運搬中や保管中に商品が破損したり、到着が遅れたりするおそれが大きくなる。

為替変動リスク

円安　円高

為替相場が大きく変動すると、契約時の金額よりも回収する代金が少なくなったり、支払う金額が増えたりするおそれがある。

序章　さあ、貿易の世界へ飛び込もう！

●貿易取引のルール

▶ 貿易用語

貿易用語と呼ばれる英単語があるが、実際のやりとりでは、略されて使われることが多い。たとえば、船荷証券は Bill of Lading で B/L と略される（→ P.184）。

▶ 貿易に関わる法律

代表格は、「関税三法」「外国為替及び外国貿易法」「他法令」。輸出してよいもの、輸入してよいもの、貿易取引の方法などを規定している（→ P.92）。

▶ 国際ルールや条件

円滑に取引を進められるようにつくられた国際ルールや条件がある。代表的なものに、インコタームズ（→ P.84〜89）がある。

国がちがえば、商習慣や文化もちがうもの。取引先企業の育った土壌や国民性などはもちろん、その国の貿易に関わる法律や制度も把握することが大事よ

言葉の微妙なとりちがいから誤解が生じてトラブルにつながるケースも少なくありませんよね。単語の意味を注意深く確認し合いながら、慎重にやりとりを進めるように心がけないと！

貿易コラム 1

「新人」という特権を最大限に活かそう

　貿易実務の仕事を始めることになったら、まずは自分の立ち位置を意識しましょう。「わかっていること」と「わからないこと」をはっきりさせることが大切です。そして、わからないことを1つ1つ解決して、自分のものにしていきましょう。身近な先輩や上司、同僚などに疑問点を積極的に質問して、問題解決を図り、知識を増やしていくのです。

　それとは別に、ビジネスパートナーであるさまざまな専門家から知恵を拝借してみましょう。たとえば、フォワーダーは輸出入手続きのプロです。フォワーダーの担当者と仲良くなって、いろいろなことを聞いてみてください。知識と経験に富んだプロから、実務に役立つアドバイスを伝授してもらえるはずです。

　ほかにも船会社や航空会社からは、国際輸送の専門知識を教えてもらえます。見渡せば、銀行の担当者や保険会社の担当者も、あなたの会社を訪問しているかもしれません。

　貿易実務をこなすには幅広い知識と経験が必要ですが、すべての問題を自分ひとりで解決する必要はありません。いかに頼れる専門家を見つけ、協力関係を築いておくかも、貿易実務者の手腕の1つです。

　新入社員ほどこわいもの知らずで、多少失礼な対応をしても許されることがあります。この特権を最大限に活用して、積極的にコミュニケーションをとり、貴重な経験と専門性のある知識を吸収していきましょう。

第1章
貿易って、誰が、どんな仕事をするの?

この章の内容

01 輸出者（輸出企業）

02 輸入者（輸入企業）

03 船会社・NVOCC

04 航空会社・混載業者

05 通関業者・税関

06 海貨業者・倉庫会社

07 ドレー会社・検量機関・検数機関

08 銀行・保険会社

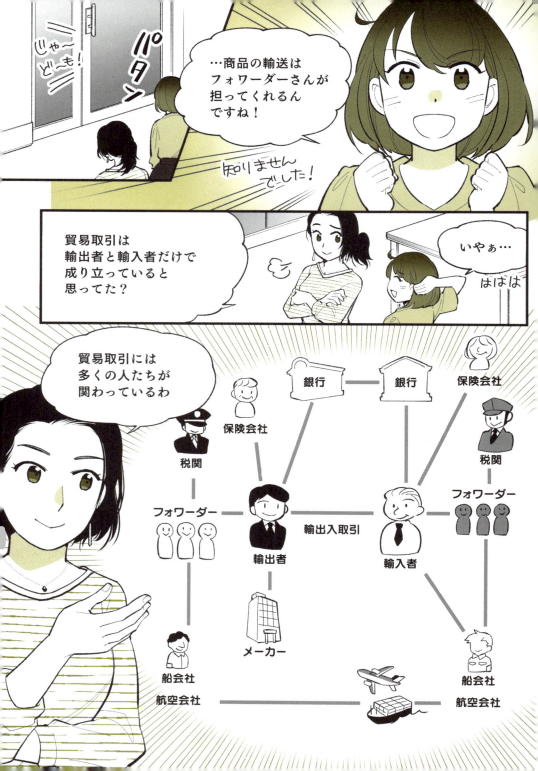

これらの専門業者と協力するの！

こんなにたくさん！？

船会社

コンテナ船や油槽船、自動車専用船など多くの専用船を所有し、貨物の海上輸送を行う。

航空会社

航空機を所有し、旅客者とともに貨物の航空輸送を行う。輸送スピードと定時性が武器。

NVOCC（非船舶運航業者）

主に小口貨物の海上輸送を行う。自社では船舶を所有せず、複数の荷主から小口貨物を集め、コンテナ単位の貨物に仕立て、船会社に輸送を依頼する。

混載業者

主に小口貨物の航空輸送を担う。自社では航空機を所有せず、複数の荷主から小口貨物を集め、ULDの形にして、航空会社に輸送を依頼する。

海貨業者

専門性の高い船積み業務や、船からおろされた貨物の取り扱い業務を行う。トラックやトレーラーを用いた輸送業務も担う。

通関業者

輸出者（輸入者）から依頼を受け、税関に対する通関手続きを行う。専門家である通関士を置いている。

ドレー会社

コンテナの陸上輸送を行う。専用トレーラーを用いて、港と国内の倉庫・工場・店舗の間でコンテナを運ぶ。

検量機関・検数機関

輸出地や輸入地の海港・空港で、貨物の容積・重量や個数を確認、測定する第三者機関。

銀行

輸出者と輸入者の代金決済を担う。

保険会社

貨物海上保険を担う。

01 輸出者（輸出企業）

高品質で、匠の技を駆使した日本製品を
海外に輸出するのが、日本の輸出者（輸出企業）です。

🚢 輸出者とはメーカーや商社のこと

　日本は、世界有数の貿易大国です。自動車や機械、電気機器、鉄鋼、化学製品などの製品、半製品、部品を世界中の国・地域に輸出しています。

　その役割を担うのが、輸出者（輸出企業）です。**輸出者はシッパー（Shipper）と呼ばれ、具体的には商社やメーカーを指します。**

　貿易の形態としては、商社に貿易取引を依頼する間接貿易と、メーカー自ら取引を行う直接貿易があります。

🚢 輸出者はさまざまな人・企業と関わる

　輸出者の仕事は、多岐にわたります。まず、海外の取引相手を選定し、条件を提示して交渉を行い、契約を結びます。次に、輸出する商品の準備をします。その後、輸出品を運ぶ船会社や航空会社、通関業者、さらに銀行や保険会社といった国内の専門企業と連携し、輸出品を相手国へ送り出します。輸出品を出荷したら、代金の回収を行い、1つの取引が完了します。

　輸出取引をスムーズに進めるためには、輸出取引ごとにタイムスケジュールを管理することが重要です。 さらに海外の取引相手はもちろん、国内の専門企業との協力も必要なので、各企業の業務内容を把握し、適切な指示・確認を行う必要があります。

　輸出者から見た主な関係者と依頼内容は、右図のとおりです。こうしたさまざまな人・企業と一緒に仕事をすることを、理解しておきましょう。

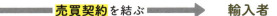

輸出者と主な専門企業との関係

輸出者

- **売買契約**を結ぶ ➡ 輸入者
- 貨物の**海上輸送**を依頼する ➡ 船会社
- 貨物の**航空輸送**を依頼する ➡ 航空会社
- **通関手続き**を依頼する ➡ 通関業者
- **船積み手続き**を依頼する ➡ 海貨業者
- **買取・送金手続き**をする ➡ 銀行
- **貨物海上保険手続き**をする ➡ 保険会社

貿易実務者は、それぞれの専門企業の業務内容を把握することが大切だ

間接貿易の場合は商社が登場する

メーカー

- 輸出取引の相談をする。
- 間接貿易の依頼をする。
- 輸出に必要な書類を提出する。
- 輸出取引に関する手数料を支払う。

- 輸出に関する情報提供やアドバイスを行う。
- 輸出取引の実施、報告を行う。

商社

商社は「貿易のプロ」。一定の手数料を受け取ることで、貿易取引全般を請け負うのよ

メーカーからすると、直接貿易よりコストはかかるけど、安心して任せられるんですね！

02 輸入者（輸入企業）

資源エネルギーから衣料品、日用品にいたるまで、さまざまな商品を世界中から輸入します。

🚢 大小さまざまな商社が活躍！

　日本は原油や鉄鉱石、LNG（液化天然ガス）、石炭などの資源エネルギーを安定的に輸入しているほか、食料の輸入大国でもあります。こうした輸入ビジネスの主役が輸入者（輸入企業）です。

　輸入者はインポーター（Importer）またはバイヤー（Buyer）と呼ばれ、大小さまざまな商社が活躍しています。まず、規模の大きな総合商社が原油やLNG（液化天然ガス）、石炭といった資源エネルギー、食料、衣料品、通信機、医薬品、半導体・電子部品など、多種多様な

総合商社と専門商社

総合商社

- 大企業が多く、多種多様な商材を扱う。
- 予算規模の大きさを活かした商売ができる。
- 事業投資など、大型プロジェクトを行うことができる。

専門商社（食品専門／鋼材専門）

- 中堅・小規模企業が多く、特定分野の商材を扱う。
- 専門分野に特化しており、商材に強みがある。
- 顧客との距離が近く、小回りがきく。

46

商品を扱います。

一方、特定の商品に特化し、アイデア豊富な輸入ビジネスを展開しているのが専門商社です。

🚢 輸入者はとくに通関手続きに注意

輸入者の仕事も、多岐にわたります。まず、輸入商品の選定し、取引相手を決め、交渉を始めます。契約成立後、輸入商品を運ぶ輸送会社を選定し、通関業者に通関業務を依頼し、銀行や保険会社との交渉や連絡を行います。

輸入取引においても、タイムスケジュールの管理が重要です。**とくに輸入のための通関手続きには、注意が必要です。**通関手続きでトラブルが起こると、輸入商品を決められた期日までに納品することができなくなります。そのため、輸入者も45ページで見た各専門企業の業務内容を把握し、適切な指示・確認を行う必要があるのです。

輸入ビジネスの主なチェックポイント

- ☑ 輸入する商品・サービスに魅力があるか？
- ☑ 輸入する商品・サービスの確実な需要が国内にあるか？
- ☑ 輸入する商品・サービスに類似品があるか、競争相手は多いか？
- ☑ 自社に資金的な余裕があるか？
- ☑ 消費者の希望・こだわり、潜在的な要望を把握しているか？
- ☑ 取引先企業、相手国に関する知識・情報があるか？
- ☑ 輸入取引に関する専門的な知識があるか？

輸入する商品やサービス、市場、自社、相手企業など、あらゆる点から十分に吟味するんだ

輸出から輸入までの流れ

01 市場調査

02 輸出商品の決定

03 輸出先の選定

04 信用調査

05 輸出交渉

06 契約の締結

07 信用状の発行依頼

08 ブッキング・フォワーダーへ通関・船積み手続きの依頼

09 貨物海上保険の手続き

10 外国為替の予約

11 輸出通関　申告・審査

03 船会社・NVOCC

商品にあわせた専用船でさまざまな商品を運ぶ海上輸送のスペシャリストです。

世界中に輸送航路を構築している

　日本は島国であるため、輸出（輸入）する商品の多くを海上輸送しています。その海上輸送を担うのが**船会社**です。船会社は**シッピングカンパニー（Shipping Company）**、または**シッピングライン（Shipping Line）**とも呼ばれます。

　船会社は多くの専用船を所有し、世界航路のネットワークを構築しています。たとえば、原油を運ぶ油槽船（Oil Tanker）、家電製品や部品を運ぶコンテナ船（Container Vessel）、自動車を運ぶ自動車専用船（Pure Car Carrier）などの専用船が活躍しています。

　船会社の使命は、積載した商品を安全かつ迅速に輸送することです。そうした輸送サービスの報酬として、輸出者（輸入者）から**海上運賃**を受け取ります。さらに、船に積まれた貨物の明細や海上運賃などが記載された**船荷証券（Bill of Lading：B/L）**を作成・発行します。

NVOCCは国際複合輸送のプロ

　海上輸送においては、NVOCC（Non Vessel Operating Common Carrier）も活躍しています。**NVOCCは非船舶運航業者**といわれ、**自身では船舶を所有していません。**主に輸出者から小口の海上輸送の依頼を受け、貨物を集荷して、実際の輸送は船会社に依頼します。

　NVOCCは荷主の要求に応えて、「海上輸送」＋「陸上輸送」あるいは「海上輸送」＋「航空輸送」などというように、複数の輸送手段を組み合わせて貨物を輸送します。こうした輸送方法を、**国際複合輸送（International Multimodal Transport）**といいます。

第1章 貿易って、誰が、どんな仕事をするの？

輸出者と船会社・NVOCCの関係

❶ 船会社に直接依頼する場合

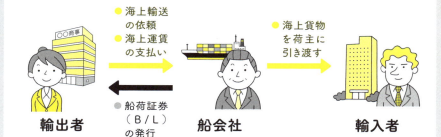

❷ NVOCCに依頼する場合

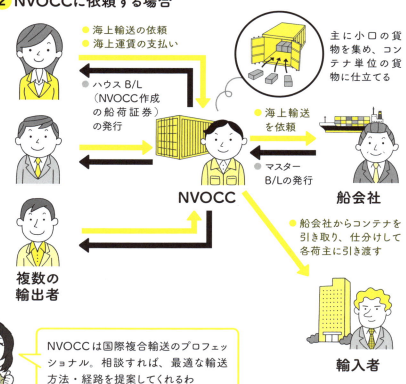

NVOCCは国際複合輸送のプロフェッショナル。相談すれば、最適な輸送方法・経路を提案してくれるわ

51

04 航空会社・混載業者

輸送スピードと定時性を武器に
航空輸送を担います。

ビジネスのグローバル化で重要性が増す

航空会社は航空機を所有し、多くの旅客を運ぶのと同時に、貨物を輸送する仕事を担っています。こうした航空輸送の武器は、**輸送スピードの速さと定時性であること**です。

航空会社は**エアライン（Air Line）**、または**エアキャリアー（Air Carrier）**と呼ばれます。海上輸送に比べて航空輸送の運賃は割高ですが、輸送時間を大幅に短縮できる利点があります。

近年、ビジネスのグローバル化、スピード化が進むなか、スピードと定時性に強みをもつ航空輸送の需要が高まっています。現在では、付加価値の高い半導体などの製品、緊急性の高い新聞、郵便物、傷みやすい生鮮食料品や生花などの輸送に幅広く利用されています。

航空会社は荷主である輸出者（輸入者）から**航空運賃**を受け取り、**航空機に搭載された貨物の情報**などが記載された**航空貨物運送状（Air Waybill）を作成、発行**します。

小口の軽量貨物を運ぶ混載業者

航空輸送では、**混載業者**という専門企業が登場します。混載業者は**エア・フライト・フォワーダー（Air Freight Forwarder）**とも呼ばれます。混載業者は、自社の航空機をもちません。**主に小口の貨物を集荷し、実際の輸送を航空会社に依頼します**。航空会社に支払う航空運賃と、複数の荷主（輸出者）から受け取る運賃との差額を収益としています。混載業者は航空会社とは異なる独自の運送約款や運賃表をもち、航空貨物輸送を行っています。

第1章 貿易って、誰が、どんな仕事をするの？

輸出者と航空会社・混載業者の関係

① 航空会社に直接依頼する場合

- 航空輸送の依頼
- 航空運賃の支払い
- 航空貨物運送状（Air Waybill）の発行
- 航空貨物を荷主に引き渡す

輸出者 　　航空会社　　輸入者

② 混載業者に依頼する場合

- 航空輸送の依頼
- 航空運賃の支払い
- ハウス Air Waybill（混載業者作成の航空貨物運送状）の発行
- 主に小口の貨物を集め、※ULD単位の貨物に仕立てる
- 航空輸送を依頼
- マスター Air Waybill の発行
- 航空会社から ULD を引き取り、仕分けして各荷主に引き渡す

複数の輸出者　　混載業者　　航空会社　　輸入者

大型の貨物専用機の登場などによって航空輸送の選択肢も増え、利用頻度が高まっているんだって！

※ ULD とは、Unit Load Device の略。航空貨物用の搭載用具のこと（→ P.176）。

53

05 通関業者・税関

秩序ある輸出入取引に
必要な通関手続きに携わります。

🚢 専門的な通関手続きを一手に担う

　商品を輸出(輸入)する際には、**税関に輸出(輸入)申告手続きを行い、税関から許可を得る必要があります**。この手続きを**通関業務**といいます。**通関業務**を行うには専門的な知識が求められるため、専門の通関業者に依頼することがほとんどです。専門の通関業者は本来、「Customs Broker(カスタムズブローカー)」と表記されますが、貿易業界のなかではフォワーダー(Forwarder)と呼ばれています。

　通関業者は輸出(輸入)申告手続きを行ったあと、税関から貨物の現品検査(→P.144)を求められることがあります。この場合は該当する貨物を用意して、すみやかに現品検査に対応します。

🚢 税関は貿易取引の最前線で活躍する公的機関

　税関は秩序ある貿易取引を守るために、重要な役割を果たす公的機関です。税関の事務所は主に港や空港にあります。輸出入の取引を行う際には、かならず通らなければならない「関所」のようなものです。**輸出入の通関手続きをはじめ、密輸の取り締まり、関税の徴収、統計資料の作成・公表など、日夜貿易取引の最前線で活躍しています**。税関は「Customs(カスタムズ)」や「Customs House(カスタムズハウス)」と英語で表記されます。

　税関は財務省が管轄する行政機関で、全国を9地域に分けて管理しています。北から函館税関、東京税関、横浜税関、名古屋税関、大阪税関、神戸税関、門司税関、長崎税関、沖縄地区税関です。9つの税関がそれぞれホームページを開設し、通関手続きの専門知識を発信しているほか、税関職員による輸出入手続きの相談にも対応しています。

第1章 貿易って、誰が、どんな仕事をするの？

輸出者と通関業者・税関の関係

輸出者

- 輸出通関手続きの依頼
- 通関料金などの支払い

通関業者

- 輸出通関手続きの代行
- 処分内容に対する不服の申し立て

- 輸出許可の通知

税関

通関業者には、通関士という通関業務の専門家がいるの。輸出（輸入）申告手続きを行う際は、積極的に頼りましょう

全国9ヵ所にある税関

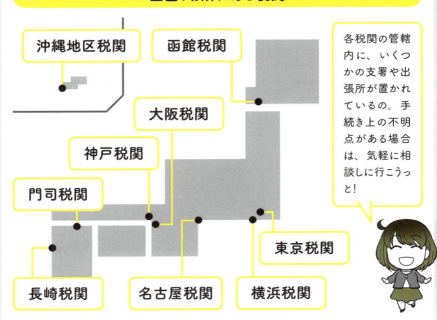

沖縄地区税関　函館税関　大阪税関　神戸税関　門司税関　長崎税関　名古屋税関　東京税関　横浜税関

各税関の管轄内に、いくつかの支署や出張所が置かれているの。手続き上の不明点がある場合は、気軽に相談しに行こうっと！

55

06 海貨業者・倉庫会社

輸出者（輸入者）と船会社とのあいだで
必要な手続きを行います。

🚢 船積みから陸上輸送まで幅広く担う

　商品を船に積むための手続きをし（**船積み業務**）、船から荷おろしされた貨物を取り扱ったり（**輸入貨物の引き取り業務**）するには、複雑な手続きが必要です。輸出者・輸入者と船会社のあいだで、そうした専門業務を担うのが**海貨業者（海運貨物取扱業者）**です。海貨業者は、一般的にはフォワーダー（Forwarder）と呼ばれます。

　海貨業者は輸出者から依頼を受け、船会社と打ち合わせを行い、**船積み手続きに必要な書類を作成**します。また、**トラックやトレーラーを用いて、船会社が指定する場所に輸出商品を搬入**します。さらに船舶や航空機に積み込むために、必要に応じて**輸出商品を木箱（Case）、木枠（Crate）、パレット（Pallet）**などに梱包します。

　海貨業者が行う業務は、港湾運送事業法に規定されています。さらに、大手の海貨業者のなかには同法に規定された業務以外にも、必要な免許を取得し、通関業者（→ P.54）や倉庫会社の業務を提供したり、トラックやトレーラーによる陸上輸送を担ったりしている企業もあります。

🚢 多岐にわたる商品を安全に保管する倉庫会社

　倉庫会社は輸出者から依頼を受け、輸出商品を保管します。一般的な商品を取り扱う倉庫以外に、危険物を保管する**危険品倉庫**、温度設定が必要な生鮮食料品などを取り扱う**冷蔵倉庫**などがあります。輸出入商品を取り扱う倉庫などの施設は、主に港の近くにあります。最近では、リスク軽減のため、内陸地域にある倉庫も活用されています。

第1章 貿易って、誰が、どんな仕事をするの？

輸出者と海貨業者・倉庫会社の関係

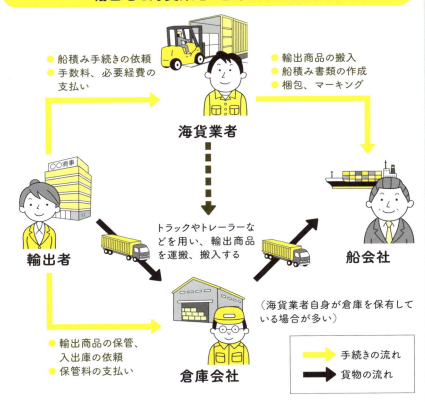

港湾運送事業法とは？

港湾運送に関する秩序を確立し、港湾運送の健全な発展を目的としてつくられた法律。明記されている港湾運送事業には、一般港湾運送事業、港湾荷役事業、はしけ運送事業、いかだ運送事業、検数事業、鑑定事業、検量事業の7種類がある。

57

07 ドレー会社・検量機関・検数機関

海上コンテナを輸送する運送業者、重量や個数を測定する専門機関も活躍！

🚢 海上コンテナを全国各地に陸上輸送する

ドレー会社（Dray Company）は、コンテナ船に積まれる**コンテナ**（Container）の陸上輸送を専門的に行います。コンテナを運ぶためのトレーラーを所有し、主にフォワーダー（通関業者や海貨業者）から依頼を受けて、全国各地にコンテナを陸上輸送します。

🚢 貨物の容積・重量、個数を測定する第三者機関

貿易取引では輸出（輸入）貨物の容積や重量、貨物の数量やダメージの有無が、とても重要な問題になります。そこで、第三者の専門機関が貨物を確認し、数量や状態に関する証明書を発行します。

まず、貨物の容積・重量の測定を行うのが検量機関（Sworn Measurer）です。船への積み込みが行われた輸出貨物、船から陸揚げされた輸入貨物は必要に応じて、こうした貨物の検量を行います。第三者の立場で貨物の容積や重量の測定業務を行い、その結果を詳細に記載した**重量容積証明書**（Certificate and List of Measurement and/or Weight）を発行するのです。

つぎに船積みされた輸出貨物、陸揚げされた輸入貨物の個数を数え、状態を確認し、検数表（Tally Sheet）を発行するのが検数機関（Tally Corporation）です。

検量業務と検数業務は、港湾運送事業法によって許可を受けた専門機関が行います。検量機関が発行する重量容積証明書も、検数機関が発行する検数表も、どちらも適正な貿易取引に重要な書類なので、押さえておきましょう。

第1章 貿易って、誰が、どんな仕事をするの？

輸出者とドレー会社・検量機関・検数機関の関係

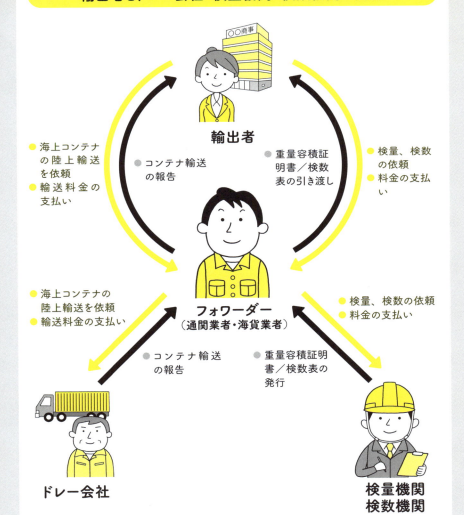

コンテナの陸上輸送も、検量・検数業務も、フォワーダーを通じて行うんですね！

フォワーダーに協力してもらうことで、専門的な知識やスキルを必要とする業務も安心して進められるわ

08 銀行・保険会社

海外との取引リスクを金融面で
サポートしてくれる大切な存在です！

🚢 輸出者と輸入者を結びつける重要な存在

海外企業と行う貿易取引において、もっとも大きな課題となるのが代金の支払いや受け取り、つまり**決済方法**です。輸出者と輸入者の双方にとって、安全で最適な決済方法を選ぶことがポイントです。

代表的な決済方法として、**信用状（Letter of Credit：L/C）** や**送金（Remittance）** による決済があります。くわしくは第6章で解説しますが、**いずれの方法においても銀行（Bank/Banking Corporation）が輸出者と輸入者のあいだで大切な役割を担います。**

また、貿易取引は海外企業とのビジネスですから、為替変動リスクや使用通貨、信用調査の問題などが発生します。このような際にも、金融の専門家である銀行が大切な相談相手となります。

🚢 国際間の貨物輸送によるリスクをカバーする

国際間の貨物輸送では船舶や航空機、トラックなどが用いられますが、その過程にはさまざまな危険が潜んでいます。船舶の沈没、座礁、衝突、火災、貨物の盗難、損傷などです。**そうした危険や損害から輸出者・輸入者を保護するのが、保険会社（Insurance Company）です。**

輸出者（輸入者）は貿易条件によって、**貨物海上保険**をかけます。貨物海上保険とは、国際間を輸送する輸出入貨物を対象とした保険で、輸送中のリスクや危険をカバーするものです。輸出商品に対して貨物海上保険をかけることで、万が一事故が発生しても、輸出者（輸入者）は保険の条件にもとづき、損害の塡補を受けることができます。

第1章 貿易って、誰が、どんな仕事をするの？

輸出者・輸入者と銀行の関係

輸出者の場合 → 輸出地の銀行
- 決済や外国為替に関する相談
- 為替手形と船積み書類の買取依頼

輸出地の銀行 → 輸出者の場合
- 相談に対する的確なアドバイスや回答
- 代金の支払い

輸入者の場合 → 輸入地の銀行
- 信用状の発行依頼
- 送金依頼
- 代金の支払い

輸入地の銀行 → 輸入者の場合
- 船積み書類の到着
- 決済の依頼

輸出者・輸入者と保険会社の関係

輸出者の場合 → 輸出地の保険会社
- 貨物海上保険の申し込み（CIF契約の場合）

輸出地の保険会社 → 輸出者の場合
- 保険証券の発行

万が一、事故が発生したら

輸入者の場合 → 輸入地の保険会社
- 保険求償手続き

輸入地の保険会社 → 輸入者の場合
- 保険金の支払い

輸出者と輸入者のどちらが保険料を負担するかは、貿易条件（→ P.84～）によって決められるんだよ

61

貿易コラム 2

商工会議所を活用しよう

　商工会議所とは、各地域の商工業者によって組織された公共団体です。全国各地にあり、非営利目的で活動しています。

　商工会議所の会員になれば、さまざまなサービスを受けることができます。貿易取引に関することでは、①原産地証明書の発給手続き、②貿易関連企業の情報提供、③貿易セミナーの開催が挙げられます。

　ここではとくに、①原産地証明書の発給手続きについて押さえておきましょう。原産地証明書（Certificate of Origin：C/O）とは、輸出貨物の「原産国」を証明するものです。輸出者は輸入者から依頼を受け、商工会議所に対し、この原産地証明書の発給手続きを行います。

　原産地証明書は、2種類あります。1つめは、輸入通関手続きに必要とされる「非特定の原産地証明書」で、一般的な原産地証明書です。2つめは、日本との経済連携協定（Economic Partnership Agreement：EPA）を締結している特定の輸入国における関税の減免を目的とした「特定原産地証明書」です。

　ちなみに商工会議所は英語で、Chamber of Commerce and Industry と表現されます。信用状条件で原産地証明書を要求された場合、輸出者は原産地証明書に必要事項を記入し、発給申請書と送り状（Invoice）などを添えて、商工会議所に提出します。商工会議所では提出された書類を確認し、認証を行ったあとに輸出者に発給します。

第2章
輸出相手を見つけて契約をしよう

この章の内容

01 市場調査と信用調査を行う

02 取引相手を選定する

03 輸出の交渉をする

04 契約を結び、契約書を交わす

05 決済条件を決める

06 貿易条件を定める

07 数量条件を確認する

08 貿易取引に関わる法律

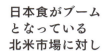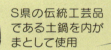

…契約書を受け取ったらどこを見るかわかるか?

えっ

オモテ面にはタイプ条項

ウラ面には印刷条項（一般取引条件）が書かれているわ

オモテ面（タイプ条項）

売り手と買い手の社名、商品明細、数量、価格、貿易条件、決済条件、品質、荷姿、輸送方法、船積み時期、保険条件などを記載。

ウラ面（印刷条項／一般取引条件）

不可抗力、紛争の解決、知的所有権、契約不履行、秘密の保持など、自社独自で定めた詳細な取引条件を記載。

今後の手続きに大きく関わる内容をよく確認するのよ

●**決済条件**
主に送金取引と信用状取引の2種類。

●**貿易条件**
どのように商品を受け渡すか、輸送や保険、通関の手配や費用をどのように分担するか、など。

●**数量条件**
取引する商品の数量、単位。

貿易条件はインコタームズ（→P.84～）という国際ルールを使うケースが多いわ

覚えておいて

インコ?

じゃ頼んだぞ

01 市場調査と信用調査を行う

入念な市場調査と信用調査が
貿易取引の第一歩です！

🚢 ターゲットとなる国や地域の情報を集める

　貿易取引の第一歩は、**市場調査**です。輸出取引の場合、輸出先の候補となる国々や地域、消費者に関する情報を収集します。同じ商品でも、よく売れる国や地域、年齢層などが異なります。そこでターゲットとなる国・地域の輸出商品のニーズ、商習慣、商品に関する法令、為替制度、国民性・地域性、人口構成比など、多項目にわたって信頼性の高い情報を得る必要があります。

　とくに貿易の専門機関である**ジェトロ（JETRO：日本貿易振興機構）**や、**日本アセアンセンター（東南アジア諸国連合貿易投資観光促進センター）**などのデータベースを積極的に活用するとよいでしょう。

🚢 取引相手の信用情報をくわしく調べる

　市場調査によって取引相手を選定したら、その企業の信用情報を入手します。**商習慣が異なる海外企業と取引リスクを最小限に抑えるため、信用調査を行うのです。**たとえば、代金決済に関して、支払日を厳守するのが当然と考えがちですが、そのようなことを確実に守ってくれる企業ばかりではありません。そこで、とくに取引相手の財政状態を重視した信用調査が大切になります。

　信用調査の方法にはいくつかあるので、自社に適した調査方法を選びましょう。**信用調査を専門に行う機関もあり、調査料は発生しますが、信頼性が高い詳細なレポートを入手することができます。**とくに初めての国・地域、初めての取引相手とビジネスをするときは、入念な調査が重要です。

信用調査の方法を知ろう

1 専門機関に依頼する

【主な調査機関】
- ダン・アンド・ブラッドストリート社
- 東京商工リサーチ
- 帝国データバンク

専門の調査機関は調査費用こそかかるが、正確な情報を短時間で入手できる。ほかには、取引銀行や同業者に調査を依頼する方法もある。

2 ホームページなどで独自に調べる

【4つのC】
- Character（経営者の能力や企業風土など）
- Capacity（経営状態、営業力、商材など）
- Capital（資本力、事業資産など）
- Conditions（相手国の政治・経済の情勢）

日本の企業情報を得るのと同じように、調査対象となる海外企業のホームページを見て調べる。とくに上記の4つのCなどをチェックする。

ホームページでチェックするなど、自社でできることもありますね！

ああ、さらに信用調査は取引開始後も、継続的に行うことが大切だぞ

02 取引相手を選定する

トラブルなく、良好なビジネスを
継続できる取引相手を見つけましょう！

いかに良好なパートナーを見つけるか

　海外でも、ありとあらゆる企業が活動しています。そのなかから、いかに良好なビジネスパートナーを見つけるかが重要です。信頼でき、末永く良好な取引をつづけられるビジネスパートナーを見つけることができれば、貿易取引の成功はグッと近づくでしょう。

　取引相手の見つけ方、選び方にはさまざまな方法があります。自社にとって、もっとも効果的な方法を確立しましょう。

あらゆる方法を用いて取引相手を選定する

　取引相手の選定でよく利用されるのは、①インターネットの利用、②日本にある外国大使館や海外の商業会議所の利用、③見本市や博覧会の利用の3つです。

　それぞれの方法に特色があります。どれか1つではなく、組み合わせて利用することで、より大きな効果を上げることもできます。

　さらに貿易の専門家に相談したり、実際に現地に出向いて情報を収集したりする方法も考えられます。とくに経験豊富な貿易アドバイザーに意見を求めれば、良質なアドバイスを得られるでしょう。最終的な判断は直接、相手企業を訪問し、その企業の雰囲気や社員の仕事ぶりなどを自らの目で見て確認することが重要です。

　世界中の企業がインターネットを利用し、自社のホームページを開設して、そこでさまざまな情報を発信しています。ただし、インターネットの情報がすべてではないので、インターネットの情報だけに頼るのは危険です。

信頼できる取引相手を見つける

1 インターネットを利用する

一般的な方法で、時差を考える必要もなく、それほど費用もかからない。ジェトロや全国の商工会議所、貿易関連団体のホームページから、さまざまな海外企業の情報を得ることができる。

2 日本にある外国大使館や海外の商業会議所を利用する

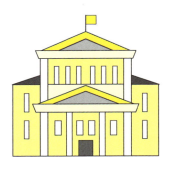

日本にある大使館や領事館などから、その国の企業情報を入手する。海外の商業会議所に積極的なアプローチをかけることで、有効な情報を手に入れることもできる。

3 見本市や博覧会の利用

国内外で開催される見本市や博覧会、展示会などに出向くことで、有望な海外企業の情報を得ることができる。直接、相手企業の担当者と接することができるメリットもある。

1や2の方法では、日本企業との取引を希望する海外企業、すでに実績のある海外企業など、具体的な情報を得ることができるのよ

03 輸出の交渉をする

よいビジネスパートナーを見つけて、
慎重に交渉を重ね、契約に結びつけます。

相手にとって魅力的なオファーを行おう

　取引相手を選定したら**オファー（Offer）**を行い、交渉を開始します。オファーとは、相手企業に対する取引の申し込みのことです。具体的には価格、数量、納期、品質、決済条件、貿易条件、通貨などの条件を提示して申し込みを行います。

　売り手（輸出者）は、買い手（輸入者）に興味を抱かせることが大切です。現在はＥメールでやりとりが行われるので、メールの文面を作成するときは細心の注意を払いましょう。**オファー後は、右図のように両者のあいだでやりとりがくり返され、合意に達します。**

オファーの種類を知ろう

　オファーには、いくつかの種類があります。代表的なものとして、つぎの３つを押さえておきましょう。

① **Firm Offer（確定申し込み）**：取引相手に回答期限を限定するオファーです。期限内に相手が承諾したら、自動的に契約が成立します。

② **Offer Subject to Seller's Final Confirmation（最終確認条件つき申し込み**：売り手（輸出者）が買い手（輸入者）に対して売り申し込みをする際、買い手が受け入れたあと、売り手の確認があって初めて契約が成立するものです。

③ **Offer Subject to Prior Sale（先売り御免申し込み）**：売り手（輸出者）が複数の買い手（輸入者）に対して同時にオファーをし、早い者勝ちで成約を促すものです。オファーを受けた側が承諾する前に商品が売り切れた場合、オファーの効力は消滅します。

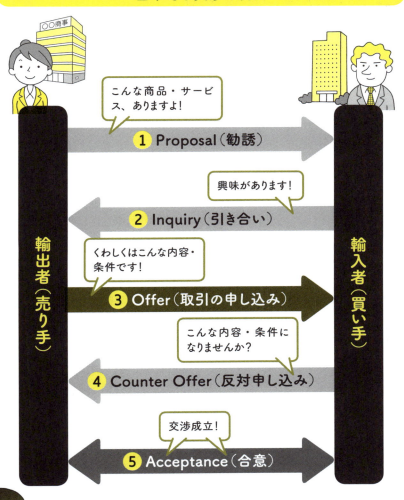

04 契約を結び、契約書を交わす

契約内容の合意がなったら、
契約書を作成します。

契約書でのちのトラブルを防ぐ

売り手(輸出者)と買い手(輸入者)とのあいだで売買契約が成立したら、**契約書**(売買契約書)を作成します。貿易取引における契約は、口頭でも成立する諾成契約です。ただし、商習慣や法制度が異なる海外企業とのビジネスなので、のちのちトラブルが発生するリスクも十分にあります。

そこで書面による契約書を作成し、おたがいに合意内容を確認することが重要です。**契約書はOriginal(正)とDuplicate(副)の2通を作成し、売り手と買い手がそれぞれ署名して1部ずつ保管します。**

契約書にはオモテ面とウラ面がある

契約書は、オモテ面とウラ面の両面を使用します。

オモテ面には、タイプ条項といわれる取引の契約内容を記載します。具体的には、売り手の社名、買い手の社名、商品明細、数量、価格、貿易条件、決済条件、品質、荷姿、輸送方法、船積み時期、保険条件などを記載します。

ウラ面には、契約書を作成した側がトラブルを回避するために、**自社独自で詳細な取引条件を定める一般取引条件(General Terms and Conditions of Business)を記載します。**これは**印刷条項**と呼ばれ、不可抗力、紛争の解決、知的所有権、契約不履行、秘密の保持などの項目を記載します。

ただし、一般取引条件に書かれている条件は、作成者側に有利になっている場合が多いので、契約書を受け取る側は注意が必要です。

売買契約書の呼び名

売り手が作成する場合

- ☑ Sales Note（セールスノート）
- ☑ Sales Contract（セールスコントラクト）
- ☑ Sales Confirmation（セールスコンファメーション）

買い手が作成する場合

- ☑ Purchase Note（パーチェスノート）
- ☑ Purchase Contract（パーチェスコントラクト）
- ☑ Purchase Order（パーチェスオーダー）

売買契約書はどちらが作成するかによって、呼び方が異なるんだ！

売買契約書に記載される内容

オモテ面　タイプ条項

- ・売り手の社名
- ・買い手の社名
- ・商品明細
- ・数量
- ・価格
- ・貿易条件
- ・決済条件
- ・品質
- ・荷姿
- ・輸送方法
- ・船積み時期
- ・保険条件

など

ウラ面　印刷条項（一般取引条件）

- ・不可抗力………天災などによる損害の免責条件など
- ・紛争の解決……紛争の解決方法の指定
- ・知的所有権……承認のない特許の使用などの禁止
- ・契約不履行……契約不履行への対抗手段
- ・秘密の保持……契約で知り得た技術などの秘密の保持

05 決済条件を決める

代金の決済条件をどうするか
これはとても重要な問題です。

決済方法の種類を知ろう

貿易取引でよく利用される**決済条件（Payment Terms）**は、送金（Remittance）と信用状（Letter of Credit：L/C）です。

まず、送金には、大きく分けてつぎの3種類があります。

①電信送金（Telegraphic Transfer：T/T）：送金銀行が海外の支払銀行に対し、受取人へ所定の金額を払うように電信で支払いの指示をするものです。送金依頼から支払いまでの時間が短いため、よく利用されています。

②普通送金（Mail Transfer：M/T）：送金銀行から支払銀行に対し、支払いの指示が郵送で行われるものです。支払いまでの時間がかかり、事務処理も大変です。

③送金小切手（Demand Draft：D/D）：銀行が送金小切手を振り出して、送金依頼人に交付する方法です。送金依頼人は交付された小切手を受取人に郵送します。受取人は支払銀行に小切手を呈示して、代金を受け取ります。

また、送金のタイミングにより、前払い送金（Advance Payment）と後払い送金（Deferred Payment）があります（▶右図）。

信用状による決済は貿易取引特有のもの

一方、信用状は貿易取引特有の決済条件です。**信用状は金融機関が発行する支払いの確約書です。**輸入地と輸出地、それぞれの銀行があいだに入り、船積み書類と代金を交換することで決済を行います。信用状による決済のしくみと進め方は、第6章でくわしく解説します。

前払い送金と後払い送金

● 前払い送金
輸入者が商品の船積み前に代金を支払う。

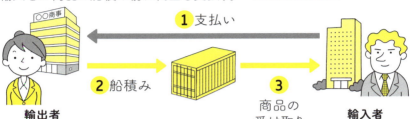

輸出者に有利！

● 後払い送金
輸入者が商品を受け取り、一定期間が経過したあとに支払う。

輸入者に有利！

各決済条件のメリット

輸出者から見て
メリットが大きい決済条件

1 送金の前払い
船積み前に代金を回収できるので、とても安心。

2 信用状取引
船積み後、早い時期に安全に代金を回収できる。

輸入者から見て
メリットが大きい決済条件

1 送金の後払い
商品入手後に、代金の支払いができるので安全。

実際には、送金と信用状を併用しているケースがよくあるの

06 貿易条件を定める

貿易条件の解釈にずれが生じないよう
輸出者と輸入者とで約束事を定めます。

スムーズな貿易取引に大切な約束事

　貿易取引をスムーズに行うための約束事の1つとして、**インコタームズ（Incoterms）**があります。インコタームズは、International Commercial Terms の略称で、国際商業会議所が制定した貿易条件の解釈についての国際的なルールです。

　インコタームズでは、つぎの事柄を定めています。

- 売り手と買い手との物品に関する引き渡し場所について
- 危険の移転時期
- 輸送の手配や運賃の負担区分
- 保険の手配と保険料の負担区分
- 通関手続きなどの負担に関して

　契約時にこれらの事柄を取り決めることで、輸出者と輸入者のあいだで貿易条件の解釈がずれることから生じるトラブルを避けられます。

当事者間の合意で効力を発揮

　インコタームズは何回かの改定を経て、「**インコタームズ2010**」が最新版です。インコタームズ2010では、11種類の条件（→ P.86 ～ 89）が定められています。

　インコタームズは国際的な条約ではないので、強制力はありません。**輸出・輸入の当事者がインコタームズの使用に合意することにより、契約の貿易条件として効力を発揮します。**どのインコタームズを利用するかは当事者同士の合意があればよく、最新版でない改定前のインコタームズでも利用できます。

インコタームズの表示方法

インコタームズの条件はFOBやCIFのように、アルファベット3文字の略語で表現される。アルファベット1文字めは「E」「F」「C」「D」の4文字のいずれかで表され、つぎのようにグループ分けされている。

● E類型
売り手（輸出者）の指定施設（工場や倉庫など）で、買い手（輸入者）へ商品を引き渡す条件。

● F類型
輸出地で、船側や買い手（輸入者）の指定した運送人へ商品を引き渡す条件。

● C類型
売り手（輸出者）が輸入地までの運賃や保険料を負担するが、危険負担は輸出地で買い手（輸入者）へ移転する条件。

● D類型
売り手（輸出者）が目的地までの費用と危険を負担する条件。

輸出地から輸入地に商品が届くまでのあいだ、売り手と買い手でどのように費用と危険を請け負うのか、取り決めるってことですね！

インコタームズの条件①

インコタームズの 11 条件は、大きく 2 つに分けられる。1 つめが、「①いかなる単数または複数の輸送手段にも適した規則」の 7 条件だ。

EXW（Ex Works）：工場渡し条件

● 売り手は自己の工場や倉庫、物流センターで、買い手の指名した運送人（船会社・航空会社・NVOCC）に輸出貨物を引き渡す。
● 貨物を引き渡した時点で、輸送の危険負担と費用負担が売り手から買い手へと移転する。
● 輸出国での国内輸送、輸出通関手続き、国際輸送、輸入国での輸入通関手続き、国内輸送などの費用をすべて買い手が負担する。

FCA（Free Carrier）：運送人渡し条件

● コンテナ船による輸送を前提とした条件。
● 売り手は輸出地にある指定場所、またはコンテナヤード（CY）、コンテナ・フレイト・ステーション（CFS）で、買い手の指定した運送人に貨物を引き渡す。
● 貨物を引き渡した時点で、危険負担と費用負担が売り手から買い手へと移転する。
● 輸出通関手続きは、売り手が負担する。
● この条件を使用する場合、売買契約書に引き渡し場所として指定する CY や CFS を明記する。

CPT（Carriage Paid to）：輸送費込み条件

● コンテナ船による輸送を前提とした条件。
● 輸出地にある売り手の指定場所で、売り手が運送人へ貨物を引き渡す。
● 危険負担は貨物を引き渡した時点で売り手から買い手に移転するが、輸入地までの輸送費用は売り手が負担する。
● 貨物海上保険は、買い手の負担となる。
● 輸出通関手続きは売り手の負担、輸入通関手続きは買い手の負担となる。

CIP（Carriage and Insurance Paid to）：輸送費・保険料込み条件

- コンテナ船による輸送を前提とした条件。
- CPTと同じく輸出地にある売り手の指定場所で、売り手が運送人に貨物を引き渡す。
- 危険負担についてもCPTと同じで、貨物を引き渡した時点で売り手から買い手に移転するが、輸入地までの輸送費用は、売り手が負担する。
- CPTとのちがいは、売り手が貨物海上保険を負担する点。
- 輸出通関手続きは売り手の負担、輸入通関手続きは買い手の負担となる。

DAT（Delivered at Terminal）：ターミナルもち込み条件

- 輸送の手配は、売り手が行う。
- 売り手は買い手の指定した輸入地の港、または輸入地のターミナル（CY、倉庫、埠頭、航空貨物ターミナルなど）に到着した貨物を、輸送手段（船舶や航空機）からおろしたあとに買い手へと引き渡す。
- 貨物を引き渡した時点で、危険負担と費用負担が売り手から買い手へと移転する。
- 輸出通関手続きは売り手の負担、輸入通関手続きは買い手の負担となる。

DAP(Delivered at Place):仕向地もち込み渡し条件

- 輸送の手配は、売り手が行う。
- 売り手は買い手の指定した場所に到着した貨物を、輸送手段に載せた状態で買い手へと引き渡す。
- 貨物を引き渡した時点で、危険負担と費用負担が売り手から買い手へと移転する。
- DATとのちがいは、輸送手段から貨物をおろす作業を買い手が負担する点。
- 輸出通関手続きは売り手の負担、輸入通関手続きは買い手の負担となる。

DDP(Delivery Duty Paid):関税もち込み渡し条件

- 輸送の手配は、売り手が行う。
- 売り手は輸入国での輸入通関手続きと関税などの納付をすませ、買い手の指定場所まで輸送した貨物を、輸送手段に載せたまま買い手へと引き渡す。
- 貨物を引き渡した時点で、危険負担と費用負担が売り手から買い手に移転する。
- 輸入国での輸入通関手続きや関税などの支払いは、すべて売り手が負担する。
- 輸送手段から貨物をおろす作業は、買い手が負担する。

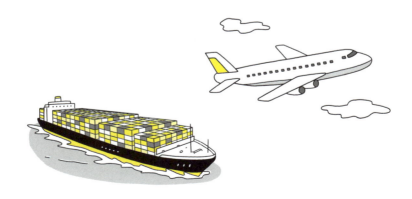

第2章 輸出相手を見つけて契約をしよう

インコタームズの条件②

2つめが、下記の「②海上および内陸水路輸送のための規則」の4条件。

FAS（Free Alogside Ship）：船側渡し条件

- 在来型貨物船を前提にした条件。
- 買い手が本船と船積み港（輸出貨物の船積みを行う港）を指定する。
- 売り手が船積み港において、本船の船側（船の外側の側面）に貨物を置いた時点で、危険負担と費用負担が買い手に移転する。
- 輸出通関手続きは、売り手が行う。

FOB（Free on Board）：本船渡し条件

- 在来型貨物船を前提にした条件。
- 売り手が本船の船の上（甲板）に貨物を置いた時点で、危険負担が売り手から買い手へと移転する。
- 本船の指定は、買い手が行う。
- 輸入地までの輸送費用と貨物海上保険は、買い手が負担する。
- 輸出通関手続きは売り手の負担、輸入通関手続きは買い手の負担となる。

CFR（Cost and Freight）：運賃込み条件

- 在来型貨物船を前提にした条件。
- 売り手が本船の船の上（甲板）に貨物を置いた時点で、危険負担が売り手から買い手へと移転する。
- 本船の手配は、売り手が行う。
- 輸入地までの輸送費用は売り手が負担し、貨物海上保険は買い手が負担する。
- 輸出通関手続きは売り手の負担、輸入通関手続きは買い手の負担となる。

CIF（Cost, Insurance and Freight）：運賃、保険料込み条件

- 在来型貨物船を前提にした条件。
- 売り手が本船の船の上（甲板）に貨物を置いた時点で、危険負担が売り手から買い手へと移転する。
- 本船の手配は、売り手が行う。
- 輸入地までの運送費用と海上保険は、売り手が負担する。
- 輸出通関手続きは売り手の負担、輸入通関手続きは買い手の負担となる。

89

07 数量条件を確認する

双方で数量に関する共通認識を
しっかりともちましょう。

使用される単位をしっかりと確認しよう

　貿易取引で使用される数量の単位には、いくつかの種類があります。どの単位を使用するかについて交渉時にかならず確認し、契約書などに明記しましょう。

　とくに注意が必要となる「**個数**」「**重量**」「**長さ**」「**容積**」に関する単位には、下図のようなものがあります。

輸送による重量・数量の変化も見越しておく

　輸送に長い時間がかかる海上輸送では、船積み時と陸揚げ時に重量

よく使われる数量単位

個数
- piece（ピース）＝1個
- dozen（ダース）＝12個
- gross（グロス）＝12ダース（144個）

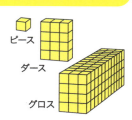

重量
- metric ton（メトリックトン）＝1,000kg
- kilo ton（キロトン）＝1,000kg
- pound（ポンド）＝約453.6g

が変化することがあります。たとえば、穀物や石炭、アルコール類は海上輸送中に水分が蒸発するなどして、重量が変化します。

このような商品については、どのタイミングで「重量」を決定するかが重要な問題となります。これには、主に船積み時に重量を決定する**①船積重量条件（Shipped Weight Terms）**と、陸揚げ時に重量を決定する**②陸揚重量条件（Landed Weight Terms）**という条件の取り決め方があります。

また、船積み時と陸揚げ時とで「数量」が変わるような商品については、船積み時に数量を決定する**①船積数量条件（Shipped Quantity Terms）**、陸揚げ時に数量を決定する**②陸揚数量条件（Landed Quantity Terms）**などの取り決め方があります。

さらに鉱物や穀物などバラ荷と呼ばれる貨物は、輸送中に数量の過不足が発生する危険性があります。そこで、契約の際にある一定の範囲で、数量の過不足を認めています。これを**数量過不足容認条件（More or Less Terms）**といいます。

長さ	meter（メートル）＝100cm feet（フィート）＝30.48cm yard（ヤード）＝91.44cm

容積	cubic meter（キュービック メーター） ＝立方メートル（m³） cubic feet（キュービック フィート） ＝立方フィート（cft）

08 貿易取引に関わる法律

貿易実務者は、法律に関するある程度の知識が必要になります。

🚢 関税三法はかならず押さえておこう

貿易取引に関わる代表的な法律として、まず関税三法を押さえましょう。**①関税法**、**②関税定率法**、**③関税暫定措置法**の3つです。
①関税法：関税の賦課、徴収、輸出入通関について規定したもの。輸出できないもの、輸入できないものが明記されています。
②関税定率法：品目別の関税率、課税標準、関税の減免制度など関税率について規定したもの。
③関税暫定措置法：経済情勢を考慮して、暫定税率や特恵関税制度などの暫定的特例を規定したもの。輸入取引では、関税は重要な問題です。改定などがある場合は、最新の情報を確実に把握しましょう。

🚢 必要に応じて、他法令もチェックしておく

他法令とは、関税関係以外の法令のことです。代表的なものとして、**①植物防疫法**や**②家畜伝染予防法**などがあります。
①植物防疫法：植物や植物加工品の輸入規制に関する法律。農産物を輸入する場合、海外からの有害な害虫や寄生植物の侵入を防ぐために、植物防疫法にもとづく植物検疫を受けることになっています。
②家畜伝染予防法：動物の生体や畜産品の輸入を規制する法律。畜産品を輸入するときは、家畜伝染予防法にもとづく動物検疫を受けなければなりません。

これらのほかにも、輸出（輸入）商品による事件や事故、トラブルを防ぐために、さまざまな法律が定められています。輸出（輸入）する商品に関連する法律は、かならず確認しておきましょう。

代表的な貿易取引に関する法律

- 関税三法
  - 関税法
  - 関税定率法
  - 関税暫定措置法
- 外国為替及び外国貿易法
  - 輸出貿易管理令
  - 輸入貿易管理令
- 輸出入に関する国内法
  - 植物防疫法、家畜伝染予防法 など多数

専門性の高い法律を正確に理解するのはなかなかむずかしいもの。そこで、税関や経済産業省、厚生労働省、財務省など専門機関のホームページを確認し、相談窓口を活用することも大切よ

Check!

ワシントン条約にも注意!

輸出（輸入）商品を扱う場合、ワシントン条約にも注意が必要です。絶滅のおそれがある野生動植物に関する国際取引の禁止、規制を定めた条約です。動植物の多くは、ワシントン条約にもとづく規制対象となっています。

契約書の流れ

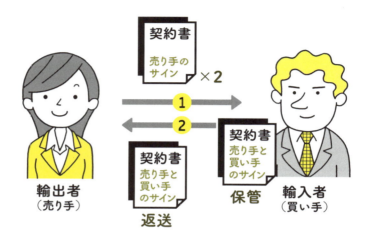

| 作成者 ▶ 輸出者（売り手） | ▶ 送り先 ▶ 輸入者（買い手） |

| 時期 ▶ 契約が結ばれたあと、すぐに |

POINT

　輸出者（売り手）は契約書を2部作成し、その両方にサイン（署名）をし、2部とも輸入者（買い手）に送ります。輸入者は契約書の内容を確認し、問題がなければ2部にサイン（署名）をし、1部を輸出者に送り、1部を自社で保管します。

第 **3** 章

国際輸送の手配をしよう

この章の内容

- **01** 輸送方法を選ぶ
- **02** 海上輸送の基本と種類
- **03** コンテナ船による輸送
- **04** 海上運賃のしくみ
- **05** 航空輸送の基本と種類
- **06** 航空運賃のしくみ
- **07** 国際複合輸送の基本と種類
- **08** 国際宅配便サービス

01 輸送方法を選ぶ

貿易取引の重要なファクターの1つとして
「輸送方法の選定」があります。

🚢 海上輸送か、航空輸送か、国際複合輸送か

　輸出（輸入）契約を結ぶにあたり、商品をどのように輸送するか考えます。輸送方法には、**船舶を利用する海上輸送、航空機を利用する航空輸送、複数の輸送手段を組み合わせて行う国際複合輸送**があります。

　輸送方法を検討する際には、**輸送時間、輸送費用、商品の特性**を考慮して、よりよい方法を選ばなくてはいけません。

🚢 国際輸送を担うさまざまな専門企業

　海上輸送はさまざまな専用船を所有する船会社に、航空輸送は航空機を所有する航空会社に、それぞれ依頼します。国際複合輸送では、主にNVOCCや混載業者が活躍します。NVOCCや混載業者は小口の貨物でも輸送を請け負ってくれるので、とても重宝する存在です。

　また、**インテグレーター（国際宅配業者）**と呼ばれる小口貨物輸送の専門企業もあります。書類（契約書・設計図など）や小物（パーツ類）といった小口の貨物を、航空輸送によるドア・ツー・ドアで運ぶ**国際宅配便サービス**を提供しています。小口貨物を輸送したい場合には、選択肢の1つです。

　それぞれの輸送方法には、メリットとデメリットがあります。どのような輸送方法を選ぶかは、交渉相手もあることなので、自社の希望が100パーセント通るわけではありません。商品の特性を考慮し、輸送時間と輸送経費を確認し、選定を行うことが大切です。右図を参考に、輸送商品に適した輸送方法を選びましょう。

第3章 国際輸送の手配をしよう

各輸送手段のメリットとデメリット

海上輸送

メリット
- 一度に大量の貨物を輸送するのに適している。
- 航空運賃に比べて、海上運賃は大幅に安価。

デメリット
- 航空輸送に比べて、輸送日数がかかる（日本から欧州諸国への輸送では、30日前後かかる）。

航空輸送

メリット
- 輸送スピードと定時性に優れている。
- 緊急性の高いもの、鮮度が重要なものの輸送に適している。

デメリット
- 海上運賃に比べて、航空運賃は割高。

国際複合輸送

メリット
- 海上輸送や航空輸送、陸上輸送をうまく組み合わせることで、海上輸送より速く、航空輸送より安く輸送できる。
  - 例 アメリカ・ニューヨークへ輸送する場合、海上輸送では約30日、航空輸送では2日。国際複合輸送では、15～17日で輸送できる。

デメリット
- 異なる輸送手段をスムーズに接続できないと、トラブルが発生する可能性がある。

107

02 海上輸送の基本と種類

海上輸送は私たちの生活を支える
国際輸送の大動脈です。

🚢 定期船と不定期船に分けられる

海上輸送には、**定期船（Liner）**と**不定期船（Tramper）**があります。

コンテナ船（Container Vessel）に代表される定期船は、一定の計画にしたがって定期的に運航される船舶です。船会社（運送人）が複数の荷主から貨物を集荷し、同一航路を定期的に往復します。このような方法による運送契約を**個品運送契約**と呼びます。

一方、不定期船は特定の航路を決めることなく、貨物のあるときに運航される船舶のことです。穀物や鉄鉱石などの輸送に利用されます。荷主が必要とするときに、必要な航路に就航している船舶を借り切って輸送します。このような運送契約を**用船契約**といいます。

🚢 海上輸送では、輸送日数に注意する

船舶を利用する海上輸送は、大量の貨物を比較的安価に運ぶことができます。しかし、目的地によっては、大幅な輸送日数が必要となる場合があります。東京（日本）から代表的な海外港まで、コンテナ船で輸送した場合の輸送日数はつぎのとおりです。

- 東京（日本）→ハンブルク（ドイツ）：28～32日
- 東京（日本）→ニューヨーク（アメリカ）：30～33日
- 東京（日本）→サントス（ブラジル）：45～50日

ヨーロッパやアメリカ東海岸へは約1ヵ月、南米のブラジルにはそれ以上の時間がかかるのです。輸送計画を立てる際には、こうした輸送日数をしっかりと計算しておかなければなりません。

第3章 国際輸送の手配をしよう

代表的な船の種類

コンテナ船
Container Vessel

輸出（輸入）貨物を積載したコンテナを専門に運ぶ船舶で、専用の設備をもっている。

在来型貨物船
Conventional Vessel

船倉（Hold）と呼ばれる貨物スペースに梱包された貨物を積み込み、上部をハッチカバーでふたをして輸送する船。

油槽船
Oil Tanker

原油を運ぶ専用船。甲板の上に多数のポンプとパイプラインが配置され、船倉のなかはタンクになっている。

自動車専用船
Pure Car Carrier

自動車を専門に輸送する船舶。岸壁と船のあいだにランプウェーを渡し、専門のドライバーが自動車を運転して、船内に積みつける。

LNG船
Liquefied Natural Gas Ship

液化天然ガスを専門に運ぶ船。超低温の液化天然ガスを運ぶため、タンクにはニッケル銅などが使われている。

ばら積み貨物船
Bulk Carrier

トウモロコシや麦、チップ、セメントなどを専門に運ぶ船。ばら積みとは、貨物を包装・梱包しないまま、船倉に積み込む方法のこと。

03 コンテナ船による輸送

メリットがいっぱいのコンテナ船は
完成品輸送の代表選手です！

世界中で輸送の主役として活躍中

　電気製品やコンピュータ関連機器、化学製品、機械、電子部品、衣料品、雑貨、食料品など、さまざまな貨物を**コンテナ（Container）**に詰め込み、運ぶ船舶を**コンテナ船（Container Vessel）**といいます。現在、日本から出発するコンテナ船は、アメリカ、ヨーロッパ、アジア、アフリカ、オセアニアと、ほぼ世界中の主要港に運航しています。

コンテナ船の特色

　コンテナ船は、輸送の専門容器であるコンテナ（Container）を使用します。コンテナ船が登場する前は、主に在来型貨物船（→ P.109）による輸送が主流でした。在来型貨物船は船に備えつけられたクレーンで貨物の荷役を行うので、雨や雪の日は荷役ができません。しかし、コンテナ船であれば、貨物がコンテナ内にあるので多少の雨や雪の日でも荷役ができます。

　また、コンテナ船は大量の完成品を安全に、短時間で、定期的に輸送することができます。ほかにもコンテナ船には、つぎのようなメリットがあります。

- **ガントリークレーンを使用することで、短時間の荷役が可能。**
- **輸送する貨物の梱包費用を大幅に削減できる。**
- **陸上輸送と組み合わせた、国際複合輸送ができる。**
- **定曜日サービスを提供できる。**

　こうしたメリットのあるコンテナ船の登場により、国際物流が飛躍的に発展しました。

第3章 国際輸送の手配をしよう

代表的なコンテナの種類

ドライ・コンテナ
Dry Container

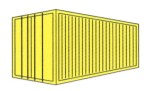

電気製品や衣料品、雑貨などの完成品や個品を主に輸送するもの。スタンダード・コンテナとも呼ばれ、もっとも普及している。

冷凍コンテナ
Reefer Container

通常、コンテナ内の温度を＋20℃から－20℃まで設定でき、冷凍貨物や冷蔵貨物を専門に運ぶもの。冷凍機が内蔵されている。

オープン・トップ・コンテナ
Open Top Container

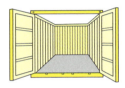

コンテナの屋根部分を開くことができるもの。通常のコンテナでは入らない機械類など、大型貨物の輸送に適している。

フラット・ラック・コンテナ
Flat Rack Container

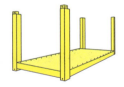

コンテナの屋根と側壁を取り外してあり、長さのある機械類や大型貨物の輸送に適している。

タンク・コンテナ
Tank Container

化学薬品や油類などの液体を専門に運ぶためのもの。フレームの内側にタンクを固定するかたちになっている。

バルク・コンテナ
Bulk Container

モルトや飼料を輸送するのに適している。天井に積み込み用のハッチ、ドアの下部に取りつけ用のハッチ、天井に3つのマンホールがある。

111

04 海上運賃のしくみ

海上運賃の基本的なしくみを
理解しましょう！

負担の仕方により、条件が分かれる

　海上運賃には、「積み地での船内荷役・積み込み費用」と「揚げ地での船内荷役・陸揚げ費用」があります。

　荷主と運送人（船会社）のどちらが負担するかによって、**バースターム（Berth Term）**、**FI（Free In）**、**FO（Free Out）**、**FIO（Free In and Out）**の4つに大きく分けることができます（▶くわしくは下図）。

海上運賃の条件と費用の範囲

	揚げ地の船内荷役・陸揚げ費用	積み地の船内荷役・積み込み費用
バースターム（Berth Term）	運送人	運送人
FI（Free In）	運送人	荷主
FO（Free Out）	荷主	運送人
FIO（Free In Out）	荷主	荷主

🚢 基本運賃と割増料金で構成される

　コンテナ船輸送の海上運賃は、**基本運賃（Base Rate）**と**割増料金（Surcharge）**で構成されています。

　基本運賃は海上運賃の基本となるもので、**ボックスレート（Box Rate）**と**品目別基本運賃（Commodity Rate）**があります。ボックスレートは、コンテナ1本を満たすFCL（Full Container Load）の際に適用される、コンテナ単位の料金です。一方、品目別基本運賃は、ほかの荷主の貨物と混載してコンテナ1本を満たすLCL（Less than Container Load）の際に適用され、貨物の種類により料金が異なります。

　また、割増料金は基本運賃を補うためのものです。航路ごとに特色のある割増料金が設けられています。たとえば、アジア・北米航路では、パナマ運河を通行するために必要な通行料を補うための割増料金として、Panama Canal Transit Fee があります。

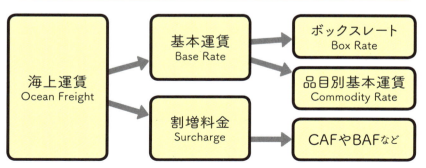

コンテナ船輸送における海上運賃の構成

CAF（Currency Adjustment Factor：通貨変動調整係数）……為替レートの急激な変動に対応して調整されるもの。
BAF（Bunker Adjustment Factor：燃料費調整係数）……原油などの燃料価格の急激な変動に対応して調整される割増料金。

※ Documentation Charge（書類作成料金）、THC（Terminal Handling Charge）など多数ある。

05 航空輸送の基本と種類

航空輸送はスピードに優れる輸送方法で近年ニーズが増えています。

輸送スピードと定時性に優れる

　現在では、ほとんどの輸出（輸入）商品が航空輸送されているといっても、過言ではありません。資源エネルギーや大型の装置・機械などは無理ですが、電子機器や通信機器を筆頭に、貴重品から生鮮食料品にいたるまで、多くの商品が航空機によって輸送されています。

　航空輸送のニーズが増えているのは、輸送スピードと定時性にとても魅力があるからです。

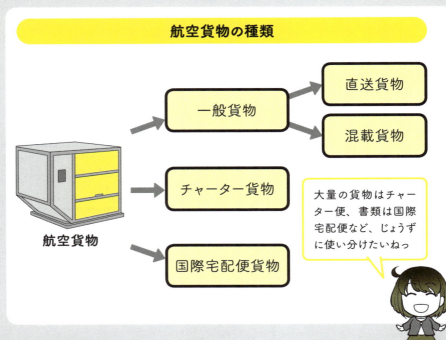

航空貨物の種類

大量の貨物はチャーター便、書類は国際宅配便など、じょうずに使い分けたいねっ

航空貨物はいくつかに分類される

　航空貨物の種類は **一般貨物**、**チャーター貨物**、**国際宅配便貨物** に大きく分けることができます。さらに一般貨物は、**直送貨物** と **混載貨物** に分けられます。

　直送貨物は輸出者と航空会社とのあいだで運送契約を結び、航空会社が航空輸送を行う貨物です。輸出者は航空会社へ、貨物の輸送を依頼します。

　一方、混載貨物は輸出者と混載業者（→ P.52）とのあいだで運送契約を結び、実際の輸送は航空会社が行います。輸出者は混載業者へ、貨物の輸送を依頼します。日本発の輸出貨物では、約9割が混載業者を利用した混載貨物です。混載業者は割安の航空運賃を提供するなど、荷主に向けたサービスを展開しています。

なぜ航空輸送が増えているのだろう？

- ✈ 国際間のビジネスが活発化・高速化するなか、航空輸送のもつ輸送スピードの利点が強く求められた！
- ✈ 高い付加価値をもつ商品や軽量・短小化された商品が増えたことで、高い輸送費をかけても、十分な利益が出るようになった！
- ✈ 大型フレイター（貨物専用機）の登場によって、大量輸送ができるようになり、商品単位あたりの輸送費が割安になった！

フレイターとは、貨物輸送を目的とした航空機のこと。乗客用の座席がない分、貨物を積み込むスペースが広くなっているわ

06 航空運賃のしくみ

航空運賃には一般貨物用運賃と
混載貨物用運賃があります。

運送人や地域によって運賃が異なる

　航空運賃は実際に航空輸送を行う運送人によって、変わります。**航空会社に依頼する場合は一般貨物用運賃を、混載業者に依頼する場合は混載貨物用運賃をそれぞれ支払います。**

　IATA（国際航空運送協会）では、全世界をAREA Ⅰ、AREA Ⅱ、AREA Ⅲの3つの地域に分割し、それぞれの運賃を設定しています。主にAREA Ⅰは北米・南米地域、AREA Ⅱはヨーロッパ・アフリカ地域、AREA Ⅲはアジア・オセアニア地域です。IATAに加盟している民間航空会社は、この運賃を一般貨物用運賃として採用しています。

　一方、混載貨物用運賃は、混載業者が独自に設定した運賃です。混載業者を利用する場合は、この運賃を支払います。それぞれの混載業者が異なる運賃を設定し、特色のあるサービスを提供しています。

航空運賃の算出方法を知ろう

　航空運賃の算出方法は独特です。主につぎの2つの方法があります。
①**容積料金**（Volume Charge ボリュームチャージ）：貨物の容積にもとづいて算出する方法。6000立方センチメートル（cm^3）を1キログラム（kg）として、容積を重量に換算して計算します。
②**重量料金**（Weight Charge ウェイトチャージ）：重量の段階ごとに何種類かの運賃が設定されています。重量が重くなるほど、1kgあたりの運賃が安くなるしくみです。

　航空運賃は海上運賃に比べて割高ですから、きちんと航空会社や混載業者と相談し、金額を確認したうえで決定することが大切です。

第3章 国際輸送の手配をしよう

運送人によって異なる航空運賃の扱い

航空会社を利用

「IATA」が決めた「一般貨物用運賃」を「航空会社」に支払う

混載業者を利用

「混載業者」が決めた「混載貨物用運賃」を「混載業者」に支払う

IATAにもとづく一般貨物用運賃の地域区分

AREA I　北米・南米地域
AREA II　ヨーロッパ・アフリカ地域
AREA III　アジア・オセアニア地域

07 国際複合輸送の基本と種類

国際複合輸送で主役となるのが
輸送の手配や手続きを行うNVOCCや混載業者です。

🚢 複数の輸送方法を組み合わせる

　国際複合輸送（International Multimodal Transport）は、1つの輸送契約にもとづいて、複数の輸送手段を利用する2国間の輸送方法です。**海上輸送と陸上輸送（鉄道・トラック・トレーラーなど）の組み合わせによるもの**と、**海上輸送と航空輸送を組み合わせたもの**がよく利用されています。

🚢 国際複合輸送ではいくつかの企業が登場する

　国際複合輸送では、利用運送人が異なる輸送方法を組み合わせて全区間を手配します。 利用運送人とは、自社では船舶や航空機、トラックなどを所有せず、実運送人を活用して国際複合輸送を請け負う企業です。NVOCCや混載業者が、利用運送人に当たります。実運送人とは、船舶や航空機、トラックなどの輸送手段をもっている企業です。

国際複合輸送の代表例

海上輸送　＋　航空輸送

海上輸送　＋　陸上輸送

第3章 国際輸送の手配をしよう

国際複合輸送のメリットとデメリット

メリット
- 利用運送人が全区間の輸送方法を考え、手配してくれる。
- 輸送中のトラブルや貨物の追跡情報などは、利用運送人が一括で対応してくれる。

デメリット
- 貨物の積み替え作業が必要となるので、その分、貨物のダメージが発生しやすくなる。

本来、複数の輸送手段を利用するには、そのつど輸出者がそれぞれの実運送人とやりとりしなければいけなかったの

その手配をNVOCCや混載業者が一手に担ってくれるんですね！

日本からニューヨークへ輸送する場合

ルート 1 1〜2日！
日本（成田空港）からアメリカ東海岸のニューヨーク国際空港まで航空輸送。

ルート 2 約15〜17日！
日本（東京港）からアメリカの西海岸（ロサンゼルス港）へ、コンテナ船で海上輸送。
鉄道やトラック、トレーラーを利用し、アメリカ東海岸のニューヨークまで陸上輸送。

ルート 3 約30日！
日本（東京港）からアメリカ東海岸のニューヨーク港まで海上輸送。

119

08 国際宅配便サービス

書類や小型貨物の輸送に利用される
国際宅配便サービスも押さえておきましょう。

🚢 ドア・ツー・ドアで小口の書類や貨物を運ぶ

　国際宅配便サービスとは、**航空貨物輸送において、ドア・ツー・ドアのサービスを提供するもの**です。小口貨物の輸送方法の1つとして飛躍的に発展し、現在では毎日の生活のなかに組み込まれています。

　取り扱う商品は**①ドキュメント・クーリエ・サービス（Documents Courier Service）**と、**②スモール・パッケージ・サービス（Small Packages Service）**の2つに分けられます。

　①ドキュメント・クーリエ・サービスで運ぶことができるのは、契

国際宅配業者（インテグレーター）はドア・ツー・ドアのサービスを提供するため、自社で航空機、集配トラック、仕分けターミナルなどをもっているんだ

約書や設計図、図面、マニュアルなど、書類扱いの貨物です。一方、②スモール・パッケージ・サービスで運べるのは、緊急性の高い部品やサンプル、小型の製品など、貨物扱いのものです。

　国際宅配便サービスはとても便利ですが、何でも輸送できるわけではなく、国ごとに制限があります。一般的には危険物や貴金属、遺体、信書、有価証券などが、多くの国で規制や禁止の対象となっています。

身近になった国際宅配便サービス

　電子商取引（Eコマース）の発展により、国際宅配便サービスは一般生活者にとっても親近感のある貨物となりました。個人でもその利便性を感じて、活用する人が増えています。

　貿易ビジネスにおいても、契約書やサンプルの送付など、利用する場面はたくさんあるので、おぼえておきましょう。

国際宅配便サービスの特色

- ドア・ツー・ドア・サービス
- 一貫輸送
- パック料金
- 独自の商品名

代表的な企業にFedEx、DHL、UPSなどがあるのよ！

船積み手続き依頼の流れ
Documents Flow

作成者 ▶ 輸出者　　提出先 ▶ フォワーダー（海貨業者）

時期 ▶ 輸出者が輸出商品と書類の準備を終了したあと

POINT

　輸出者は、船積み手続きをフォワーダー（海貨業者）に依頼します。まずは、送り状（Invoice）、包装明細書（Packing List）を作成します。さらに船積みに関するくわしい指示を記載した船積依頼書（Shipping Instructions）を作成し、3種類の書類をあわせて提出します。

　輸出者は、それぞれの書類に必要事項を正確に記入します。とくに信用状取引の場合は信用状の指示にしたがって、正確に記入することが求められます。

第3章 国際輸送の手配をしよう

Documents Flow
コンテナ船への船積み手続きの流れ

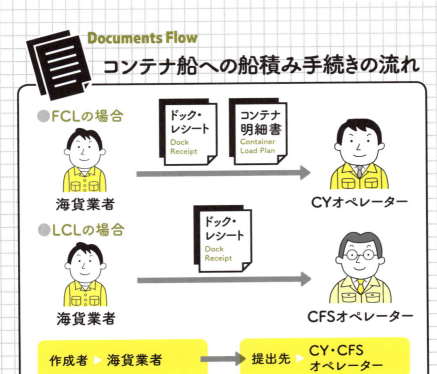

POINT

　海貨業者はコンテナ船に輸出貨物を積むため、必要な書類を作成します。輸出者から入手した書類を参考に、FCLの場合は、貨物受取書であるドック・レシート（Dock Receipt）とコンテナ明細書（Container Load Plan：CLP）を作成し、コンテナヤード（Container Yard：CY）のオペレーターに提出します。LCLの場合は、ドック・レシート（Dock Receipt）を作成し、コンテナ・フレイト・ステーション（Container Freight Station：CFS）のオペレーターに提出します。

　海貨業者は指定された日時までに、上記の書類と輸出貨物をCYまたはCFSにもち込まなくてはなりません。

書類見本 ❶

Invoice（送り状）

❶ SAGAMI BOUEKI CO., LTD.

123. MINATOMIRAI, NISHI-KU, YOKOHAMA, KANAGAWA JAPAN
TEL：+81-45-682-XXXX

INVOICE

❷ **INVOICE NO.**　　SA-001　　　　　　　　　　❸ **DATE**　JULY 14, 20XX
❹ **SOLD TO:**　　　GENERAL TRADING CORPORATION
　　　　　　　　　7-8-X 6TH AVE, NEW YORK, NY 10019
　　　　　　　　　USA
❺ **SHIPPED PER:**　YAMATO MARU
❻ **SAIL ON:**　　　JULY 31, 20XX
❼ **SHIPPED FROM:**　TOKYO,JAPAN　　❽ **TO:**　NEW YORK, USA
❾ **TRADE TERMS:**　CIF NEW YORK
❿ **PAYMENT TERMS**　L/C NO BBS-943

Description of Goods　　Quantity ❶❶　　　　　❶❷	Unit Price	Amount
	CIF NEW YORK	
FULL AUTOMATIC EARTHEN RICE COOKER "E-DONABE" ************* MODEL:KMD-1　(WHITE)　255PCS	❶❸ US$800.00	❶❹ US$204,000.00
MODEL:KMD-3　(BROWN)　255PCS	US$810.00	US$206,550.00
TOTAL:　❶❺　510 PCS		US$410,550.00

CASE NUMBERS & MARKS

GTC
NEW YORK
C/NO.1-510
MADE IN JAPAN

SAGAMI BOUEKI CO., LTD.

❶❻
MASAHARU KIMURA

124

第3章　国際輸送の手配をしよう

どんな書類？

　輸出する商品のくわしい情報を記載した明細書。輸出者が輸入者に要求する代金の請求書としての役割もある。輸出者が作成するもので、金額や通貨、貿易条件、決済条件などを正確に記入することが求められる。

記載内容

❶ **輸出者**：輸出者の社名、住所、電話番号などを記載。

❷ **INVOICE NO.**：インボイス番号。作成者が任意に決める管理番号を記入する。ほかの取引案件とダブらないようにすることが大切。

❸ **DATE**：インボイスの作成日を記入する。

❹ **SOLD TO**：商品の売り先。輸入者の社名・住所、国名などを正確に記入する。

❺ **SHIPPED PER**：貨物（商品）を積載する予定の本船名。

❻ **SAIL ON**：本船の出港日。

❼ **SHIPPED FROM**：船積み港（本船が出港する港名）。

❽ **TO**：荷揚げ港（本船が到着する港）。

❾ **TRADE TERMS**：契約した貿易条件を記入。

❿ **PAYMENT TERMS**：契約した決済条件を記入。

⓫ **Description of Goods**：商品の明細をくわしく記入する（信用状の場合は、信用状に指示された文言を記入する）。

⓬ **Quantity**：商品の数量を記入。

⓭ **Unit Price**：商品の単価を記入。

⓮ **Amount**：金額（単価と数量をかけ合わせたもの）を記入する。

⓯ **TOTAL**：輸出する合計の数量と合計金額を、正確に記入する。 ← 1番大切！

⓰ **輸出者名とサイン**：輸出者の社名・氏名を記載し、サインをする。

POINT

● 金額が正確に記載されていることが第一です。通貨表示、単価、合計金額などを間違いなく記載しましょう。

● PAYMENT TERMS（決済条件）、TRADE TERMS（貿易条件）をかならず正確に記入しましょう。

● 信用状取引の場合は、信用状の指示にしたがってInvoice（送り状）を作成します。

Packing List（包装明細書）

❶ SAGAMI BOUEKI CO., Ltd.

123. MINATOMIRAI, NISHI-KU, YOKOHAMA, KANAGAWA JAPAN
TEL: +81-45-682-XXXX

PACKING LIST

❷ **INVOICE NO.:** SA-001   ❸ **DATE:** JULY 14, 20XX
❹ **SOLD TO:** GENERAL TRADING CORPORATON
7-8-X 6TH AVE, NEW YORK, NY 10019
USA
❺ **SHIPPED PER:** YAMATO MARU
❻ **SAIL ON:** JULY 31, 20XX
❼ **SHIPPED FROM:** TOKYO, JAPAN   ❽ **TO:** NEW YORK, USA

Description of Goods	Quantity	Net Weight	Gross Weight
❾ FULL AUTOMATIC EARTHEN RICE COOKER "E-DONABE" ************************			
❿ C/NO.1-255 255CARTONS MODEL: KMD-1 (WHITE)	⓫ (255PCS)	⓬ 7.9kgs	⓭ 9.0kgs
C/NO.256-510 255CARTONS MODEL: KMD-3 (BROWN)	(255PCS)	7.9kgs	9.0kgs
TOTAL: ⓮ 510CARTONS	(510PCS)	4,029kgs	4,590kgs

CASE NUMBERS
& MARKS ⓯

GTC
NEW YORK
C/NO.1-510
MADE IN JAPAN

SAGAMI BOUEKI CO., LTD.

MASAHARU KIMURA

第3章　国際輸送の手配をしよう

どんな書類？

輸出する貨物が、どのような状態で海外に送られるかをくわしく説明した書類。外装の荷姿や個数、ケースナンバー、ネットウエイト、グロスウエイトなど、貨物に関する情報が記入されたもの。

記載内容

❶ **輸出者**：輸出者の社名や住所、電話番号などを記載。

❷ **INVOICE NO.**：インボイス番号。作成者が任意に決める管理番号を記入する。

❸ **DATE**：パッキングリストの作成日を記入する。

❹ **SOLD TO**：商品の売り先。輸入者の社名や住所などを正確に記入する。

❺ **SHIPPED PER**：貨物（商品）を積載する予定の本船名。

❻ **SAIL ON**：本船の出港日。

❼ **SHIPPED FROM**：船積み港（本船が出港する港名）。

❽ **TO**：荷揚げ港（本船が到着する港）。

❾ **Description of Goods**：商品の明細を記入。

❿ **Case number**：貨物に記載した番号を記入。

⓫ **Quantity**：商品の数量。

⓬ **Net Weight**：正味重量。

⓭ **Gross Weight**：総重量（商品の重さに、梱包形態の重さを加えた重量）。

⓮ **TOTAL**：輸出する貨物の外装の荷姿の合計数量と、商品の合計数量を記入する。

⓯ **CASE NUMBERS & MARKS**：荷印を記入する

POINT

● ケースナンバーごとの商品明細や商品数を正確に記入しましょう。

● 外装の荷姿表示と商品数が正しく記載されているか、注意してください。

Shipping Instructions（船積依頼書）

SHIPPING INSTRUCTIONS

1.DATE:

1.御得意先（請求先）

1.御得意先ご担当者　1.TEL NO.

1.営業担当者　1.手仕舞コード（　）

2.SHIPPER（　）2.CONTRACT NO.（　）
SAGAMI BOUEKI CO., LTD.
123.MINATOMIRAI、NISHI-KU, YOKOHAMA,KANAGAWA
JAPAN

❶

1.INVOICE NO. & (FOR VALUE)
SA-001

2.CONSIGNEE（　）
TO ORDER

❷

1.通関貨物搬入場所（　）	1.貨物搬入(予定)日 荷主
TOKYO	20XX/7/18
1.工場VANNING場所（　）	1.VANNING日

1.CFS貨物持込先（VANNING PLACE）（　）

2.NOTIFY（　）
GENERAL TRADING CORPORATION
7-8-X 6TH AVE, NEW YORK, NY 10019 USA

❸

| コンテナ船 | CFS-CFS | | CY-CY | X | CY-DOOR |
| 在来船 | CFS-CY | | CY-CFS | | CFS-DOOR |

3.CONTAINER SIZE・タイプ・本数
20'-DX1　40'　　ETC.

3.BL DATE	3.B/L発行地	3.B/L揚者（　）
D	TOKYO	

| 3.BL ORIGINAL | 3.B/L COPY | 3.メジャーリスト | 3.VAN証明 |
| 3 枚 | 5 枚 | 3　 | |

3.VESSEL（　）❹　3.VOY NO.❺　3.入港日　3.出港日　3.締切日（CY,CFS,S/O）
YAMATO MARU　17E　20XX/7/30　20XX/7/31　20XX/7/26

3.CARRIER（　）❻　3.NVOCC（　）　3.BOOKING NO.
JAPAN SHIPPING LINE　　　　　　　TYONY-001

3.PLACE OF RECEIPT（　）❼　PORT of LOADING（　）❽　3.PORT OF DISCHARGE（　）❾
TOKYO CY　　　　TOKYO, JAPAN　　　　NEW YORK ,USA

3.PLACE OF DELIVERY（　）　3.FINAL DESTINATION（　）
NEW YORK CY ❿

3.FRIGHT	X	PREPAID	P.AS.ARRANGE			メーカー梱包	
		COLLECT	C. AS.ARRANGE		保険付保		C NO.

4.MARKS & NO.　5.NO.OF P'KGS　5.DESCRIPTION OF GOODS　5.GROSS WEIGHT & M'MENT

⓫　FULL AUTOMATIC EARTHEN RICE COOKER
　　"E-DONABE"

⓬
GTC
NEW YORK　　　　510 CARTONS ⓭
C/NO.1-510
MADE IN JAPAN　　　　L/C NO. B3S-943

FREIGHT PREPAID

1.RE-MARKS

第3章 国際輸送の手配をしよう

どんな書類？

輸出者が作成し、フォワーダー（通関業者や海貨業者）に通関手続きや船積み手続きを依頼・指示する書類。フォワーダーは Shipping Instructions（船積依頼書）の指示内容にしたがい、必要な手続きを行う。

記載内容

❶ **SHIPPER**：輸出者の社名や住所を記載。

❷ **CONSIGNEE.**：船荷証券の荷受人欄に表示されるべき文言を記入（信用状取引の場合は、注意が必要）。

❸ **NOTIFY PARTY**：船荷証券の着荷通知先欄に表示されるべき社名・住所・国名（信用状取引の場合は、注意が必要）。

❹ **VESSEL**：本船名を記入。

❺ **VOY NO.**：航海番号を記入。

❻ **CARRIER**：船会社の名前を記入。

❼ **PLACE OF RECEIPT**：荷受け地。

❽ **PORT OF LOADING**：本船の船積み港。

❾ **PORT OF DISCHARGE**：荷揚げ港。

❿ **PLACE OF DELIVERY**：荷渡し地。

⓫ **DESCRIPTION OF GOODS**：商品の明細をくわしく記入する（信用状取引の場合は、信用状に指示された文言を記入する）。

⓬ **MARKS & NO.**：荷印を記入。

⓭ **NO OF P'KGS**：商品の個数を記入。

POINT

輸出者は、記載内容に十分に注意しなくてはなりません。もし記入した指示内容が間違っていると、この書類にしたがって行われる通関手続きや船積み手続きに支障をきたすことになります。

Cargo Flow

工場からフォワーダーの倉庫までの流れ

1. 工場で商品を生産する

通関手続きやバンニングなど、このあとの手続きや作業をふまえて、無理のない生産スケジュールを設定することが大切。

メーカー、フォワーダーそれぞれと綿密な相談が必要だね！

2. フォワーダーの倉庫へ搬入する

コンテナターミナル（Container Terminal）の近くにあるフォワーダーの倉庫に、商品を搬入する。

3. フォワーダーの倉庫でバンニングする

バンニングとは、搬入された商品をコンテナに積み込む作業のこと。フォワーダー（海貨業者）が行う。

第4章 通関の手続きをしよう

この章の内容

01 通関手続きの基本
02 税関の審査
03 税関検査のポイント
04 NACCSって何だ？
05 関税のしくみ
06 関税を納付する
07 AEO制度のメリット
08 事前教示制度の利用

01 通関手続きの基本

輸出者・輸入者から依頼された通関業者が
税関に対して手続きを行います。

🚢 税関から輸出（輸入）の許可を得る

　商品を輸出（輸入）する際には、通関手続きが必要です。**通関手続きとは、税関に対して商品の輸出（輸入）の申告をして、その許可を得ることです。**

　通常、輸出者（輸入者）は通関手続きを通関業者（→ P.54）に依頼します。通関業者は関税三法（→ P.92）や、他法令の知識をもった専門家です。輸出者（輸入者）に代わり、高い専門性が求められる通関手続きを行ってくれます。現在は、NACCS（ナックス）と呼ばれる「輸出入・港湾関連情報処理システム」を利用し、必要な手続きを行うのが一般的です。

　手続きに利用される NACCS は、正式名称を「Nippon Automated Cargo and Port Consolidated System」といいます。日本の貿易取引・国際物流を支える重要なシステムです。**民間企業と税関などの行政機関をオンラインで結んで、手続き処理を行います。** NACCS の利用によって、手続き業務が迅速かつ効率的になりました。

🚢 必要な書類をきちんとそろえる

　輸出の場合、輸出者は通関業者に対し、通関手続きに必要な書類をわたし、内容を確認してもらいます。 Invoice（送り状）、Packing List（包装明細書）、Shipping Instructions（船積依頼書）などの書類です。必要に応じて、輸出商品のパンフレットなども提出します。滞りなく通関手続きが進められるよう、通関業者に対して輸出商品をくわしく説明し、必要書類を確認してもらいましょう。

第4章 通関の手続きをしよう

通関手続きの流れ

輸出者

① 輸出申告手続きの依頼

必要な書類を提出
- Invoice（送り状）
- Packing List（包装明細書）
- Shipping Instructions（船積依頼書）
- 商品のカタログ、パンフレット

など

通関業者

② 輸出申告手続き　③ 許可

通関士による手続き

通関業者は原則、通関士を設置している。通関士は国家試験に合格した通関業務の専門家。通関士はNACCSのシステムを利用し、通関手続きを行う。

税関

通関業者から税関への輸出申告手続きがスムーズに行えるよう、輸出者は必要書類の準備をしましょう

141

02 税関の審査

税関は通関業者から提出された
申告内容を慎重に審査します。

税関が申告内容を精査する

　税関は、通関業者がNACCSを通じて送信した輸出（輸入）の申告内容を慎重に確認します。申告内容に不備がないか、関税三法や他法令と照らし合わせて違法性がないか、不明点はないかを確認し、問題がないと判断されると、許可を出すのです。

審査内容は3つの区分で通知される

　審査内容はつぎの3つの区分で、通関業者に通知されます。
　区分1は簡易審査です。申告内容に問題がないと判断され、申告後すぐに税関から許可が下ります。
　区分2は書類審査です。申告内容だけでは判断ができないので、通関業者に説明を求めます。通関業者は必要な資料をそろえて税関に出向き、十分な説明を行います。不明点が解決されると、税関から許可が下ります。
　区分3は現品検査です。申告内容と現品の同一性を確認するため、税関が実際の商品をチェックする現品検査を実施します。実際の商品を確認することで、不明点が解消されると許可が下ります。
　書類審査や現品検査では、主につぎの点がチェックされます。
- 覚醒剤や麻薬、拳銃、コピー品などの不正商品がないか。
- 食品衛生、植物防疫（ぼうえき）の観点から、法規性にもとづいた手続きが行われているか。
- 原産地の偽造や誤認につながる表示がされていないか。
- 適正な納税申告がされているか。

第4章 通関の手続きをしよう

3つの審査区分と対応方法

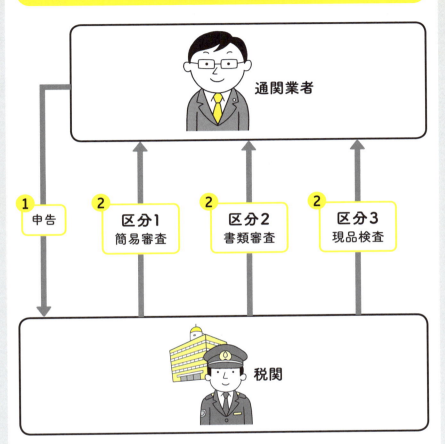

区分2への対応
通関業者は必要な書類やデータ（製品カタログ、パンフレット、仕様書、検査データ、写真、分析書など）を税関に持参し、説明を行う。

区分3への対応
該当貨物（商品）を税関指定の検査場所へもち込む。検査場所へもち込むのが困難な貨物（商品）は、税関職員が貨物（商品）の保管場所に出向いて検査する。

143

03 税関検査のポイント

申告内容と現品の同一性の確認が必要であれば、
税関は現品検査を実施します。

🚢 申告内容と現品を慎重に調べる

　税関から区分3（現品検査）が通知されると、通関業者は検査の準備を始めます。**通常、通関業者は検査対象となる商品を税関官署にもち込み、検査を受けます。**これを**もち込み検査**、あるいは**検査場検査**といいます。

　税関では Invoice（送り状）、Packing List（包装明細書）、カタログ、パンフレットなどの書類と実際の商品を照らし合わせ、内容や数

大型X線検査装置

税関では、貨物検査のスピードと正確性を高めるため、X線検査装置を配備。大型X線検査装置では、わざわざコンテナから貨物を取り出すことなく、コンテナ内の貨物を検査できる。

大型X線検査装置の導入により、コンテナ輸送される貨物の検査時間が大幅に短縮されたんだ

量が一致しているかを確認します。さらに覚醒剤、麻薬、拳銃などが混入されていないか、原産地を偽装したり、誤認させたりするような表示がないかも、あわせて確認します。

　税関の担当官からこうした現品の検査を受けて、問題がないと判断されると、輸出（輸入）の許可が下ります。

⛴ 検査の時間と費用を考慮する

　現品検査が行われると、許可が下りるまで時間が通常よりも長くかかります。 現品検査になる可能性が高い商品を輸出（輸入）する場合は、あらかじめタイムスケジュールに組み込んでおいたり、必要書類をそろえておいたりするとよいでしょう。

　また、検査費用は輸出者（輸入者）の負担となりますので、注意が必要です。

現品検査の方法と場所

方法

全部検査
貨物の全量を検査する方法。

一部指定検査
税関が指定した貨物の一部を検査する方法。

見本検査
無作為に見本品を抜き出して検査する方法。

場所

現場検査
税関の検査場へ貨物をもち込むのが困難な場合、税関職員が貨物の保管場所へ出向いて検査を行う。

本船検査
貨物船に貨物を積載したままの状態で検査する方法（小麦など）。

艀中（ふちゅう）検査
艀（はしけ）に貨物を積んだままの状態で検査する方法（木材など）。

145

04 NACCSって何だ?

通関手続きをはじめ、国際物流関連業務は
NACCS（ナックス）を活用しています。

🚢 各種手続きに欠かせないコンピュータ・システム

　通関手続きに利用される NACCS（ナックス）は、正式名称を「Nippon Automated Cargo and Port Consolidated System」（**輸出入・港湾関連情報処理システム**）といいます。税関などの公的機関に対し、輸出（輸入）貨物や船舶・航空機の出入港などの各種手続きをオンラインで処理するコンピュータ・システムです。

　NACCS は民間企業と公的機関をオンラインで結んでいるため、貨

NACCSを何に利用しているか？

通関業者
- 輸出申告手続き
- 輸入申告手続き

税関
- 輸出入申告の受理・審査・許可

船会社
- 入出港に関する税関・港湾省庁との手続き

航空会社
- 入出港に関する税関・検疫手続き

第4章 通関の手続きをしよう

物の流れに沿って、必要な手続きをすばやく総合的に処理することができます。

🚢 NACCSを利用する関係企業はさまざま

NACCSは、通関業者と税関とのあいだで通関手続きをするために始まったものです。さらに現在では、多くの企業が参加し、国際物流において重要な役割を担っています。利用する企業の範囲は広く、通関業者や税関以外には、船会社、航空会社、NVOCC、混載業者、海貨業者、倉庫会社、保税蔵置場、銀行などがあります。

NACCSの利用により、おたがいに関連する業務をオンラインで処理することで、**各種手続きの簡素化、ペーパーレス化、スピード化、情報共有などが実現され**、貿易取引に関わるたくさんの企業が多くのメリットを享受しています。

NVOCC
● 混載貨物に関する輸出入手続き

混載業者
● 混載貨物に関する輸出入手続き

海貨業者
● バンニング情報の登録

銀行
● 関税などの口座振り替えによる領収

保税蔵置場
● 貨物の搬出入業務

147

05 関税のしくみ

輸入商品にかかる関税について
正しい知識が必要です。

関税は輸入者が納めるもの

関税とは、海外から輸入される貨物に対して課される税です。

関税を納める人は、「貨物を輸入する者」と決められています。「貨物を輸入する者」とは、原則的にInvoice（送り状）に記載されている**「荷受け人」**、つまり輸入者のことです。

輸入者は関税と消費税を納めることで、税関から輸入の許可を得ることができます。

関税の納税方式

申告納税方式

申告・納付

輸入者の申告によって、納付すべき関税額を確定する方法。原則、貨物を輸入する日（輸入許可の日）までに納税する。

賦課課税方式

賦課 / 納付

税関長の賦課決定により、納付すべき関税額が決定する方法。送付される納税告知書に記載された内容にしたがって納税する。

148

🚢 関税の納付方法は2つ

納付方法には、**申告納税方式**と**賦課課税方式**があります。

申告納税方式とは、納税義務者（輸入者）の申告により、納付すべき関税額を確定する方法です。原則として、貨物を輸入する日（輸入許可の日）までに、関税などを納めます。一般的な通関手続きでは、この申告納税方式がとられています。

一方、賦課課税方式は税関長により、納付すべき関税額を決定する方法です。税関から送られてきた納税告知書に税額と納付期限が記載されているので、それにしたがって納税します。

なお、輸入商品には、**関税のかかる有税品**と**関税のかからない無税品**があります。さらに輸入通関時には、消費税がかかるので注意が必要です。

無税品と有税品

無税品
関税はかからない。輸入者は、消費税のみ納付する。

有税品
関税がかかる。輸入者は、関税と消費税の合計額を納付する。

無税品は「関税フリー商品」とも呼ばれるの

06 関税を納付する

通関士は関税額を計算する際に
細心の注意を払います。

税額を計算するのは通関士の仕事

　一般的に、関税と消費税を計算するのは通関士（→P.140）の役割です。輸入申告手続きの際に通関士が輸入者から提供されたInvoice（送り状）やPacking List（包装明細書）、カタログなどの書類を参考に税率を計算します。

　輸入商品の関税率を決めるために、輸入商品に該当するHSコードを選びます。 HSコードは「Harmonized Commodity Description and Coding System」の略で、「商品の名称および分類についての統一システムに関する国際条約」にもとづいて制定されたコードシステムのことです。世界的な貿易取引で使用されています。

　HSコードを選ぶと、HSコードの横に税率が明記されており、関税率が確定します。

日本は従価税による課税が一般的

　通関士は慎重にHSコードを確定させ、関税と消費税の計算を行います。輸入申告手続きにおいて、HSコードの選択はもっとも重要な仕事の1つです。輸入申告の際には、実行関税率表を使用します。

　関税の基礎となるものを**課税標準**と呼びます。課税標準には、輸入申告時の**貨物の価格を基準とする従価税**、**数量を基準とする従量税**、**両方を組み合わせた混合税**があります。さらに混合税は、両方を比べて税額の高いほうを適用する選択税、両方を同時にかける従価・従量併用税に分けられます。日本国では、従価税による課税が一般的です。

第4章 通関の手続きをしよう

関税のしくみと種類

従価税

輸入時の貨物の価格を課税標準とする。

従量税

輸入時の貨物の数量を課税標準とする。

混合税

1 選択税
従価税と従量税を比べ、税額の高いほうを適用する（一部例外あり）。

2 従価・従量併用税
従価税と従量税を同時に適用する。

関税の納期限延長制度

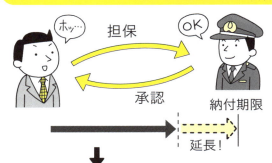

輸入申告手続きを行い、関税や消費税を納めないと、輸入港に到着した貨物を国内に引き取ることができない。

● 関税の納付期限を延長するには？
税額などに相当する担保を提供し、税関長の承認を受ければ、最長3ヵ月延長できる。

―担保となるもの―
国債、地方債、社債、有価証券、土地、建物、金銭、自動車、保証人の保証など

関税の納期限延長制度を希望する際には、所定の手続きが必要だ。くわしくは税関のホームページなどで確認しよう

07 AEO制度のメリット

コンプライアンスなどに優れた企業に対し、さまざまなメリットを与える制度です。

さまざまなメリットがある

AEOとは「Authorized Economic Operator」（オーソライズド エコノミック オペレーター）の略で、許可事業者と訳されます。国際物流において、貨物のセキュリティ管理と法令遵守の体制が整備された輸出者・輸入者・通関業者などの事業者を認定し、**税関手続きの緩和などさまざまなメリットを与える制度**です。

AEO事業者は、つぎのようなメリットを得ることができます。

- 特定輸出者制度（AEO輸出者）
- 特例輸入者制度（AEO輸入者）
- 認定通関業者制度（AEO通関業者）
- 特定保税承認者制度（AEO保税承認者）
- 特定保税運送者制度（AEO保税運送者）
- 認定製造者制度（AEO製造者）

それぞれのくわしい内容は、右ページで解説します。

適正に事業を行っている者が認定される

AEO事業者に認定されるには、税関に申請書類を提出します。税関は慎重に審査を行い、認定の可否を決めます。審査内容は、通関手続きに関する社内体制、コンプライアンス（法令遵守）の体制、業務手順の整備、関連書類の管理整備、帳簿の管理、貨物の管理状況、社内の教育体制などです。

適正な事業体制を整え、日々の業務を行っている事業者が認定されるのです。

AEO認定事業者に与えられるメリット

特定輸出者制度 → 輸出者
貨物を保税地域に搬入することなく、自社の倉庫などで輸出の許可を受けることができる。税関による審査・検査などの便宜が図られ、輸出貨物の迅速な船積みができる。

特例輸入者制度 → 輸入者
輸入申告時における納税のための審査・検査が基本的に省略される。貨物を引き取ったあとに納税申告を行うこともできる。

認定通関業者制度 → 通関業者
保税地域以外の場所にある貨物に対して、輸出の許可を受けることができる。輸入貨物を引き取ったあとに、納税申告を行うことができる。

特定保税承認者制度 → 特定保税承認者
保税蔵置場の特定保税承認者が税関長へ届け出ることで、保税蔵置場を設置できる。

特定保税運送者制度 → 認定通関業者、特定保税承認者など
個々の保税運送の承認が不要になる。

認定製造者制度 → 製造者
認定製造者がつくった貨物を製造者以外の者が輸出する際、保税地域にその貨物を搬入することなく、輸出の許可を受けることができる。

保税地域とは、外国貨物を蔵置（倉庫に保管）したり、加工したり、あるいは製造や展示などができる場所のことよ。税関の監督下に置かれているわ

保税蔵置場は保税地域の1つで、外国貨物の積みおろしや蔵置、運搬などができる場所だ。蔵置には税関長の許可が必要で、蔵置期間は原則2年となっている

08 事前教示制度の利用

税関へ輸入申告手続きをする前に
関税率などを把握する方法があります。

🚢 事前教示制度を利用するメリット

　事前に関税率を知ることができる**事前教示制度**があります。輸入する商品について、輸入申告の前に貨物の税番号や関税率などを税関に照会できる制度です。そのため、**事前に輸入を予定している商品の関税分類などを知ることができ、輸入時の関税額などを把握することができます**。

　原則、文書で照会すると文書による回答を受けることができます。

事前教示制度の利用方法

輸入者

● 事前教示に関する照会書×1通
● 商品見本などの資料

税番号や関税率を通知

輸入手続きを
予定する税関

輸入商品の検討段階で関税などの費用を
把握できるから、とても便利ね

すでに輸入ビジネスを行っている企業はもちろん、輸入を考えている企業にとって、とてもありがたい制度です。

🚢 関税額の修正手続きが必要になることもある

輸入者が納めた関税額が少なかった場合は**修正申告**を行い、不足額を納める必要があります。注意点は、税関の調査を受けたあとで修正申告を行うと、本来納めるべき関税との差額に加えて、**重加算税**が課せられることです。

関税を納めすぎた場合には、税関長に対して**更正の請求**を行います。更正の請求が行われると、税関長は税額などを調査します。そして、納めすぎた税金があると判断されると、請求者に対してその内容を通知し、還付(かんぷ)の手続きがとられます。こうして、納めすぎた税金をもどしてもらえるのです。

納付した関税に過不足があった場合

納めた関税額が少ない
↓
修正申告

税関長に対して修正申告を行い、不足分の関税を納める。

納付した関税額が多い
↓
更正の請求

税関長に対して更正の請求を行う。納めすぎた税金があると認められた場合は、納めすぎた分が還付される。

Documents Flow
通関手続き依頼の流れ

| 作成者 ▶ 輸出者 | ▶ | 提出先 ▶ フォワーダー（通関業者） |

時期 ▶ 輸出者が輸出商品と書類の準備を終了したあと

POINT

　輸出者はフォワーダー（通関業者）に通関手続きを依頼します。まずは、送り状（Invoice）、包装明細書（Packing List）、船積依頼書（Shipping Instructions）を作成し、提出します。

　必要に応じて、カタログ（Catalog）やパンフレット（Pamphlet）など、商品を十分に説明できるものも提出します。

第 5 章
船積みの手続きをしよう

この章の内容

01　コンテナ船の船積み
02　コンテナ船の輸送施設
03　コンテナの取り扱い
04　コンテナの陸上輸送
05　梱包・荷姿のポイント
06　航空貨物とULD
07　航空機に貨物を搭載する

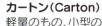

01 コンテナ船の船積み

輸送方法にはFCLとLCLがあり、それぞれに特色があります。

🚢 一度に大量輸送できるコンテナ船

電気製品や雑貨、衣料品などの商品は主にコンテナ船（Container Vessel）で輸送されます。**コンテナ船とは、貨物が積み込まれたコンテナ（Container）を専門に輸送する船舶のことです。**

一度に大量の貨物を輸送することができるコンテナ船の運航により、それまで主流だった在来型貨物船（→ P.109）による輸送に比べて、輸送効率が飛躍的に高まりました。

🚢 コンテナ船の輸送方法は2種類

コンテナ船の輸送形態には、① **FCL** と ② **LCL** の2つがあります。

① **FCL（Full Container Load）**：コンテナ単位による大口貨物の輸送方法。家電製品や雑貨、機械部品などを大量に輸出する場合に利用されます。荷主・海貨業者は貨物を積み込んだコンテナをコンテナヤード（Container Yard：CY）に搬入し、船積みします。FCL形態で輸送される貨物を、FCL Cargo と呼びます。

② **LCL（Less than Container Load）**：1本のコンテナに満たない小口貨物の輸送方法。

荷主・海貨業者は船会社が指定するコンテナ・フレイト・ステーション（Container Freight Station：CFS）に小口貨物をもち込みます。CFSでは、複数の輸出者からもち込まれたさまざまなかたちの小口貨物を1本のコンテナに混載し、船積みします。LCL形態で輸送される貨物を、LCL Cargo と呼びます。

それぞれの輸送方法の特色を理解し、上手に活用しましょう。

FCLの流れと特色

1 輸出者が直接搬入する場合

輸出者の工場 → **コンテナヤード（CY）**

輸出者の施設で、輸出者がコンテナいっぱいに貨物を積み込む。そのコンテナをコンテナヤード（CY）に搬入して船積みする（工場バン）。

特色
- 船積みの費用を軽減できる。
- 積み込みや搬入の手間がかかる。
- 効率よく安全にバンニングする（コンテナに貨物を積み込むこと）ための知識やスキルが必要。

2 海貨業者に搬入を依頼する場合

輸出者の工場 → **海貨業者の施設** → **コンテナヤード（CY）**

海貨業者の施設に貨物をもち込み、海貨業者の手でバンニングを行い、コンテナヤード（CY）に搬入して船積みする。

特色
- 梱包やマーキング、検量などの作業を海貨業者に依頼できる。
- 荷姿やかたち、大きさの異なる貨物を上手にバンニングしてもらえる。
- 海貨業者に支払う費用がかかる。

02 コンテナ船の輸送施設

コンテナターミナルが
荷役の拠点となります。

🚢 海上と陸上の接点であるコンテナターミナル

コンテナの荷役を行うため、港にはつぎのような施設があります。

- **コンテナヤード（Container Yard：CY）**：コンテナを船に積みつけたり、おろしたりする施設。コンテナの受け渡しや保管を行います。
- **コンテナ・フレイト・ステーション（Container Freight Station：CFS）**：LCLの小口貨物の受け渡しや保管を行う施設。複数の輸出者の貨物をコンテナに積み込んだり、取り出したりする施設。
- **ガントリークレーン（Gantry Crane）**：コンテナを船に積み込むための大型のクレーン。伸び縮みするスプレッダーにより、コンテナをつり上げて荷役を行います。
- **ゲート（Gate）**：コンテナターミナルの出入り口。コンテナ外部の

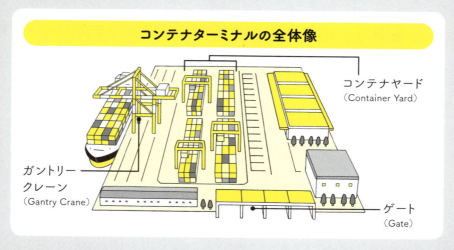

コンテナターミナルの全体像

第5章　船積みの手続きをしよう

状態を確認・点検したり、重量を計測したり、必要な書類の受け渡しを行ったりします。

これらの施設が集まる場所を==コンテナターミナル（Container Terminal）==と呼びます。コンテナターミナルは、コンテナ輸送における海上輸送と陸上輸送の接点である港湾地区に位置します。

LCLの流れと特色

1 輸出者が直接搬入する場合

輸出者が自社の施設から輸出貨物を直接CFSに搬入し、船積する（CFS直搬）。

特色
- 船積みの費用を軽減できる。
- 船積みに間に合うよう、自ら手配をしなければならない。

2 海貨業者に搬入を依頼する場合

一度、海貨業者の施設に輸出貨物をもち込み、海貨業者の手で梱包作業やマーキング、貨物の確認作業を行ったのち、CFSに搬入して船積みする。

特色
- 梱包やマーキング、検量などの作業を海貨業者に依頼できる。
- 海貨業者に支払う費用がかかる。

169

03 コンテナの取り扱い

コンテナへの積み込み・取り出し作業には、細心の注意が必要です！

🚢 コンテナの破損や汚れをチェックする

　最近では、輸出者や輸入者が海貨業者に依頼せず、自らコンテナに貨物を積み込んだり、取り出したりする場合がよくあります。ただし、コンテナへの積み込み・取り出し作業には、十分な知識やスキルが必要です。

　輸出者は空(から)のコンテナを船会社から借りて、輸出貨物を積み込みます。その際、船会社から届けられたコンテナそのものをよく確認する

コンテナ作業時の注意点

バンニング前

- 穴があいていないかなど、コンテナの天井を確認する。
- コンテナの床や壁に汚れや凹凸がないか調べる。

バンニング時

- 貨物が動かないように、木材などを利用して固定する。
- コンテナ内の貨物の配置に注意する。
- 左右、前後の重量のバランスに配慮する。

ことが大切です。具体的にはコンテナのドアを開け、コンテナのなかに入り、**天井に穴があいていないか、床や壁が汚れてないかをチェックします**。コンテナが汚れていたために輸出貨物まで汚れてしまい、売りものにならなくなったケースもあります。

🚢 荷崩れを起こさないように注意する

貨物をコンテナのなかに積み込む作業を、バンニング（Vanning）といいます。**輸出貨物をバンニングする際は、貨物が荷崩れを起こさないように注意しましょう。**

また、**コンテナからの貨物の取り出しでは、コンテナのドアを開けるときに注意が必要です**。開けた瞬間に貨物が落ちて貨物自体にダメージを与えたり、作業員が怪我をしたりするおそれがあるからです。

自らこうした作業を行う場合には、細心の注意を払いましょう。

コンテナの大きさを知ろう

	寸法	積載容積
20フィートコンテナ	幅8フィート ×長さ20フィート ×高さ8.6フィート	25〜29㎥
40フィートコンテナ	幅8フィート ×長さ40フィート ×高さ8.6フィート	55〜59㎥
40フィートコンテナ （ハイキューブ コンテナ）	幅8フィート ×長さ40フィート ×高さ9.6フィート	63〜67㎥

04 コンテナの陸上輸送

コンテナの陸上輸送はドレー会社が
トレーラーで行います。

ドレージは往復料金が原則

　海上コンテナを陸上輸送する場合は、大型の特殊な牽引車（トレーラー）を利用します。コンテナを陸上輸送することを**ドレー（Dray）**といい、一般的には**ドレー会社**（→ P.58）がその業務を行います。

　コンテナの陸上輸送料金を**ドレージ（Drayge）**と呼びます。コンテナの陸上輸送では、貨物の詰まったコンテナを出発地から目的地まで運び、空になったコンテナを目的地から出発地へもどします。その

陸上輸送の流れ

輸入地の港　　貨物の詰まったコンテナ　　国内の倉庫・店舗

空になったコンテナ

輸入者の手配・費用で荷おろしを行う

輸出の場合も、輸出者の工場から海貨業者の倉庫、さらにコンテナヤードまで、トレーラーでコンテナを陸上輸送する。その際、やはりドレージがかかるぞ

第5章　船積みの手続きをしよう

ため、**原則としてコンテナの陸上輸送は往復料金がかかります。**

　ドレージの料金表は、国土交通省に届けられています。ただし、実際には利用者とドレー会社とのあいだで料金交渉が行われます。

　とくに輸入貨物を積んだコンテナを国内の内陸倉庫や店舗に長距離輸送する場合、相応のコストがかかるので、事前にドレー会社に相談し、ドレージを把握することが大切です。

⚓ コンテナ輸送の荷おろしは輸入者側が行う

　トレーラーによるコンテナ輸送と、トラックで貨物を運ぶトラック輸送では異なる点があります。

　トラック輸送の場合、貨物の荷おろしは運転手が行います。一方、コンテナ輸送の場合、運転手は貨物の荷おろしにいっさい関わりません。**貨物の取り出しは、輸入者（荷受人）の手配と費用で行います。**

コンテナ・ドレージの料金表

距離	20フィート・コンテナ	40フィートコンテナ
5km	17,000円	26,500円
10km	20,500円	31,000円
20km	25,500円	39,000円
50km	40,000円	62,000円
100km	64,500円	100,500円
200km	98,000円	148,000円

※現在、業界で使われている「昭和58年度届出タリフ」より抜粋

ドレージは距離に応じて金額が変わるんですね

05 梱包・荷姿のポイント

商品をダメージから守るために
しっかりとした梱包を施します。

輸出商品の梱包は輸出者の責任

輸出者は商品を安全に届けるために、必要に応じて輸出商品に梱包を施します。梱包することで、商品を安全に輸送・保管することができます。

梱包作業を行う際は、「商品の性質・特徴・性能」「輸送方法や輸送時間」「荷役の方法」「保管環境や保管の仕方」「梱包材の材質や特色」「梱包費用」などを考慮します。

輸出商品に適した梱包形態を選ぶ

どのように梱包するかは、いくつかの梱包形態のなかから、輸出商品の品質や材料、特徴などを考慮して決めます。

代表的な梱包の種類として、カートン（Carton）、木箱（Case）、木枠（Crate）、パレット（Pallet）があります（▶くわしくは右図）。

商品によっては、特殊な梱包を施す必要があります。たとえば、精密機械などには真空梱包を施します。商品をバリア材で覆い、空気を抜いて真空状態にしたのち、梱包する方法です。なかにはシリカゲル（乾燥剤）を入れて湿気を除去し、湿気によるサビを防止します。船舶による海上輸送では、輸送中に海水の塩や湿気によってサビやカビが発生する危険性が潜んでいるので、このような梱包が必要なのです。

梱包作業は輸出者自ら行うこともできますが、海貨業者などの専門企業に依頼する場合もあります。輸出商品に適した梱包形態を選んで、取引相手へ安全に届けられるようにしましょう。

第 5 章 船積みの手続きをしよう

代表的な梱包形態

カートン Carton

比較的軽量のものや小型の商品に利用する。段ボール箱と呼ばれる。

木箱 Case

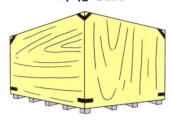

板材を並べてスキ間を防ぎ、密封する。精密機械など、ダメージに弱い商品に利用される。

木枠 Crate

木箱ほど厳重ではなく、外装が「さん」になっていて、中身が見える状態のもの。

パレット Pallet

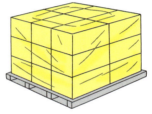

パレットの上に商品を重ね、ストレッチフィルムを巻いて包装する。フォークリフトの利用により、効率的に荷役ができる。

Check!

荷印と指示マーク

荷印（Case Mark／Shipping Mark）は、輸出者が梱包した外装の側面に刷り込むマークのことです。ほかの荷主と区別できるようにするために表示します。一方、指示マーク（Caution Mark）は、貨物を取り扱う人の安全を守るため、輸送中の貨物の保護のために、刷り込むマークです。JIS（日本工業規格）で 16 種類が規定されています。

06 航空貨物とULD

航空貨物を効率的に積載する工夫として
ULD（Unit Load Device）があります。

ULDで取り扱いやすいかたちにする

　ULD（Unit Load Device）とは、搭載用具のことです。通常、航空輸送される商品は、コンテナやパレットのかたちで積載されます。このようなコンテナやパレットをULDと呼びます。ULDのかたちにすることで商品を保護することができ、ダメージの防止に役立ちます。

　貨物をULDに積みつけることを**ビルドアップ（Build Up）**、ULDを解体して貨物を取り出すことを**ブレイクダウン（Break Down）**と

主なULDの種類

通常のULD

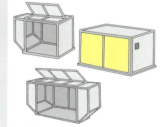

貨物室の構造にあわせて、さまざまな形状のものがある。多くの機種に搭載できる。

保冷コンテナ

低温貨物の輸送に活用される。内部温度は－20℃から＋20℃まで調整できる。

ホーススト-ル

競走馬の運搬に用いられる。馬が1頭入れるくらいの大きさで、航空機の所定の位置に固定される。

いいます。

特殊な用途のコンテナもある

特殊な商品を航空輸送するための専用コンテナも、何種類かあります。

まず、生鮮食品を輸送するのに適しているコンテナに、**保冷コンテナ（Refrigerated ULD）**があります。生鮮食料品の低温輸送のために開発されたものです。ドライアイスを活用した冷却方式を採用しているので、電源は必要ありません。また、競走馬などの大型動物は、**ホーススト－ル（Horse Stall）**と呼ばれるコンテナで輸送します。

輸出地から輸入地までの長い道のりを安全に運べるように、輸出商品に適したコンテナについて、きちんと把握しておきましょう。

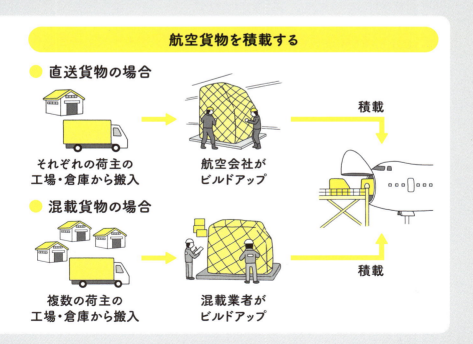

航空貨物を積載する

07 航空機に貨物を搭載する

航空機に貨物を搭載するには
いくつかの方法があります。

ULDのサイズには統一規格がある

　ULDのコンテナやパレットは、国際航空運送協会（International Air Transport Association：IATA）によってサイズが統一されています。

　それぞれの航空機の貨物室の床面には、コンテナやパレットをなかに送り込むための装置（IATAの規格にしたがったもの）があり、スムーズに貨物を搭載することができます。

航空機に搭載する方法はさまざま

　航空機に貨物を積み込む際は**ローダー（Loader）**を使用し、貨物室（Cargo Compartment）へ運びます。ローダーとは、貨物を航空機に積むための搭載機のこと。航空貨物はあらかじめULD（→P.176）のかたちにされ、ローダーを使用して航空機に搭載されます。

　旅客機の場合、貨物は座席の下にある下部貨物室（Belly）に積み込まれます。貨物を積み込む方法には、つぎの3つがあります。

　①バルク・ローディング・システム：人の手により、貨物を直接、貨物室に積み込む方法です。旅客機の下部貨物室へ積み込むときは、この方法で搭載します。

　②パレット・ローディング・システム：パレットに貨物を載せて、さらにネットをかぶせて貨物を固定し、貨物室に搭載する方法です。貨物の破損や荷崩れを防止できます。

　③コンテナ・ローディング・システム：貨物を航空貨物用のコンテナに積み込んで、貨物室に搭載する方法です。

航空機の貨物室とコンテナ

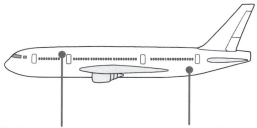

上部貨物室（Main Deck）　　下部貨物室（Belly）

旅客機・貨物機の上部にある貨物室。

旅客機・貨物機の下部にある貨物室。Bellyには、前方貨物室と後方貨物室がある。

上部貨物室用コンテナ
（Main Deck Container）

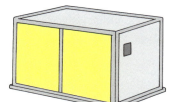

ベリーコンテナ
（Belly Containerまたは Carrier's Container）

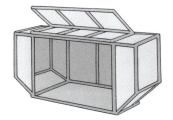

航空機の貨物室の形状に合わせて、工夫されているのね

混載貨物の流れ

混載貨物はよく利用されます。混載貨物による輸出の流れを確認しましょう。

1 書類のピックアップ

混載業者が輸出者から輸出商品に関する指示書であるInvoice（送り状）、Packing List（包装明細書）、Shipping Instructions（出荷指示書）などを受け取る。

2 輸出商品の集荷

混載業者が輸出者から輸出商品を集荷し、混載業者の施設やターミナルに搬入する。

8 空港へ運送する

混載貨物を空港内にある航空会社の上屋へ搬入。航空会社は空港で混載貨物と書類を受け取り、貨物の受託確認を行う。

輸出者、混載業者、航空会社の連携で、混載貨物が航空機に搭載され、輸出されていくんですね！

10 搭載完了後の業務

混載貨物の搭載が完了すると、混載マニフェスト（混載積荷目録）、ハウス航空貨物運送状（House Air Waybill）などの必要書類を書類送達用カバン（Document Pouch）に収めたのち、航空機の担当者に引き渡す。

9 航空機への搭載

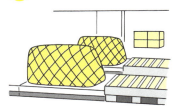

混載貨物は搭載計画にしたがって積みつけエリアに集められ、搭載のための待機エリアに送られ、保管される。そのあと、航空機まで搬送され、搭載される。

第 5 章 船積みの手続きをしよう

3 搬入後の業務

必要に応じて、混載業者が梱包作業を施す。混載貨物の場合は、ハウス用の「HAWB ラベル」とマスター用の「MAWB ラベル」を貼り、検量を行ったあとに保税蔵置場へ搬送する。

4 輸出申告手続き

通関業務の免許をもつ混載業者が税関に対し、輸出申告手続きを行い、税関から輸出の許可を得る。

ハウス用とは混載業者用のラベル、マスター用とは航空会社用のラベルのことよ

5 ハウス航空貨物運送状（House Air Waybill）の作成・発行

混載業者は輸出者から入手した書類の情報をもとに、検量結果をふまえて、ハウス航空貨物運送状（House Air Waybill）を作成し、輸出者に発行する。

7 貨物の積みつけ

輸出の許可を受けた混載貨物を、パレットやコンテナなどの ULD のかたちにする。

6 混載貨物を仕立てる

送り先が同一である貨物を集め、混載貨物を仕立てる（混載仕立て業務）。終了後、混載マニフェスト（混載積荷目録）を作成。

181

Documents Flow
船荷証券（Bill of Lading）の流れ

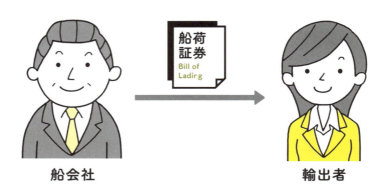

船会社　　　　　　　　　　輸出者

| 作成者 ▶ 船会社 | ▶ | 発行先 ▶ 輸出者 |

| 時期 ▶ 本船が出港したあと |

POINT

　本船が出港したあと、船会社は船荷証券（Bill of Lading）を作成し、輸出者に発行します。船会社は船荷証券に必要事項を記入し、責任者がサインをし、収入印紙を貼付して発行します。

　海上運賃が前払い（Prepaid）の場合、輸出者は船会社へ海上運賃を支払ってから、船荷証券を受け取ります。輸出者は入手した船荷証券の内容を確認し、もし訂正を必要とする箇所を見つけたら、B/L訂正用の保証状を作成し、訂正の依頼を行います。

第 5 章 船積みの手続きをしよう

Documents Flow
航空貨物運送状（Air Waybill）の流れ

| 作成者 ▶ 航空会社 | ➡ | 発行先 ▶ 輸出者 |

時期 ▶ 輸出者から貨物を受け取ったあと

POINT

　輸出者から航空会社へ貨物の引き渡しが終わると、航空会社は航空貨物運送状（Air Waybill）を作成し、発行します。航空貨物運送状の原本は通常3部発行されます。1部は発行元である航空会社の事務処理用として扱われ、もう1部は輸出者へ発行します。残りの1部は貨物とともに目的地に送られ、輸入者（荷受人）に引き渡されます。航空貨物運送状（Air Waybill）は船荷証券（Bill of Lading）と異なり、貨物の引き渡しを請求できる機能はありません。

183

書類見本❹

Bill of Lading（船荷証券）

B/L NO.
TYONY−001

Shipper ❶
SAGAMI BOUEKI CO., LTD.
123, MINATOMIRAI, NISHI−KU, YOKOHAMA, KANAGAWA
JAPAN

Consignee ❷
TO ORDER

Notify Party ❸
GENERAL TRADING CORPORATION
7−8−X 6TH AVE, NEW YORK, NY 10019
USA

Pre-carriage by

Place of Receipt ❹
TOKYO CY

Ocean Vessel ❽
YAMATO MARU

Voy. No. ❾
17E

Port of Loading ❺
TOKYO, JAPAN

Port of Discharge ❻
NEW YORK, USA

Place of Delivery ❼
NEW YORK CY

Final Destination
(for the merchant's reference only)

JAPAN SHIPPING LINE
BILL OF LADING

RECEIVED by the Carrier from the shipper in apparent good order and condition unless otherwise indicated herein, the Goods, or the container(s) or package(s) said to contain the cargo herein mentioned, to be carried subject to all the terms and conditions provided for on the face and back of this Bill of Lading by the vessel named herein or any substitute at the Carrier's option and/ or other means of transport, from the place of receipt or the port

****
****
****
**********the others to stand void;

Container No.　Seal No. ; Marks & Nos.	No. of containers of P'kgs.	kind of Packages: Description of Goods	Gross Weight	Measurement
JSLU 1234567/20F ❿ JSL 2323 GTC ⓬ NEW YORK C/NO.1−510 MADE IN JAPAN	20×1	" SHIPPER'S LOAD & COUNT " " SAID TO CONTAIN " ⓫ FULL AUTOMATIC EARTHEN RICE COOKER "E−DONABE" * * * * * * * * * * * * * * L/C NO. BBS−943 FREIGHT PREPAID	4,590 ⓭ KGS	28.560 ⓮ M3
⓯ TOTAL NUMBER OF CONTAINERS OR PACKAGES (IN WORDS)	510CARTONS ONE (1) CONTAINER ONLY		印紙 200円	

FREIGHT & CHARGES ⓰	Revenue Tons	Rate	Prepaid	Collect

Ex. Rate	Prepaid at TOKYO, JAPAN	Payable at	Place of B(s)/L Issue　Dated ⓲ TOKYO　JAPAN　JULY　31, 20XX
	Total Prepaid in Local Currency	Number of Original B(s)/L ⓱ THREE(3)	*JAPAN SHIPPING LINE*
Date	Laden on Board the Vessel By		

184

どんな書類？

船会社が作成し、輸出者に対して発行するものです。貨物の受取証、運送契約書の役割があります。さらに大切なことは、船荷証券の所持人が貨物の引き渡しを請求できる権利を有していることです。また、船荷証券は有価証券でもあります。

記載内容

❶ **Shipper**：荷送り人、つまり輸出者の社名と住所を記入。
❷ **Consignee**：荷受け人。TO ORDER などの指図文言を記入する場合と、輸入者の名前を記入する場合がある。信用状取引の場合は、信用状の指示にしたがう。
❸ **Notify Party**：通常は輸入者の社名と住所を記入。本船の到着を知らせる Arrival Notice（貨物到着案内）の送付先となる。
❹ **Place of Receipt**：荷受け地、船会社が荷送り人から貨物を受け取る場所（コンテナ船の場合は CY または CFS が記載される）を記入。
❺ **Port of Loading**：船積み港、本船が出港する港を記入。
❻ **Port of Discharge**：荷揚げ港、本船が到着する港を記入。
❼ **Place of Delivery**：荷渡し地、船会社が荷受人に貨物を引き渡す場所（コンテナ船の場合は CY または CFS が記載される）を記入。
❽ **Ocean Vessel**：本船名を記入。
❾ **Voy. No.**：航海番号を記入。
❿ **Container No. Seal No.**：コンテナの番号とシール番号を記入。
⓫ **Description of Goods**：積載する商品名を記入。
⓬ **Marks &Nos.**：貨物のケースマークとケース番号を記入。
⓭ **Gross Weight**：貨物の総重量を記入。
⓮ **Measurement**：貨物の総容積を記入。
⓯ **TOTAL NUMBER OF CONTAINERS OR PACKAGES（IN WORDS）**：積載する貨物の情報。FCL の場合はコンテナの本数を、LCL の場合は貨物の荷姿と個数を記入。
⓰ **FREIGHT & CHARGES**：海上運賃と諸チャージを記入。
⓱ **Number of Original B(s)/L**：船荷証券の正本の発行部数。
⓲ **Place of B(s)/L Issue**：船荷証券の発行場所と日付。

POINT

船荷証券は、貿易取引でもっとも重要な書類といわれています。記載内容には、十分に注意をしましょう。船荷証券は有価証券なので、収入印紙（200 円）の貼付が必要です。

Cargo Flow

フォワーダーの倉庫から本船出港までの流れ

1. フォワーダーの倉庫を出発

商品を積み込んだコンテナを積んだトレーラーが、フォワーダーの倉庫を出発。コンテナヤード（Container Yard：CY）へ向かう。

フォワーダーや船会社などのプロフェッショナルにほとんど任せることになるけど、基本的な流れは把握しておきましょう

2. コンテナヤードで本船に積みつける

コンテナターミナル（Container Terminal）内にあるコンテナヤードに、コンテナを搬入。ガントリークレーン（Gantry Crane）で、本船に積みつける。

3. 本船出港

コンテナを積んだ本船が出港する。

第 6 章
代金を回収しよう

この章の内容

01 送金手続きのしくみ
02 信用状取引の基本
03 信用状取引に関わる人たち
04 信用状の種類とポイント
05 信用状の買取手続き
06 ディスクレに対応する
07 外国為替相場のしくみ

01 送金手続きのしくみ

送金方法はいくつかありますが、
電信送金がもっともよく利用されています。

電信送金が一番多く利用されている

　無事に輸出商品を取引相手へ送り届けたら、代金を回収します。最近のビジネスでは、**送金（Remittance）による決済が一番よく利用されています**。

　送金には電信送金（Telegraphic Transfer：TT）、普通送金（Mail Transfer：MT）、送金小切手（Demand Draft：DD）の３つがあります。そのなかでも、手続き開始から入金まで１〜２日程度という短時間で処理される電信送金がよく利用されます。

輸出者にとっては前払い送金が有利

　会社の資金繰り（キャッシュフロー）にも関わるため、どのタイミングで支払いを受けるかはとても重要です。支払いのタイミングは、**前払い送金（Advance Payment）と後払い送金（Deferred Payment）に分けることができます**。

　前払い送金は、輸出地で船積みをする前に輸入者が代金を支払います。船積み前に代金を回収できるので、輸出者にとってとても有利な決済方法です。

　後払い送金は、輸入者が商品を受け取ったあと、一定期間を置いてから輸出者に対して代金を支払う方法です。輸入者にとっては安心で有利な方法ですが、輸出者としては代金の回収に時間がかかるので不利になります。

電信送金の流れ

送金銀行

支払銀行

❸ 電信による支払い指示
❹ 送金資金の送付

❶ 送金の依頼
❷ 送金資金の払い込み

❺ 送金到着の案内
❻ 送金資金の支払い

輸入者
（送金依頼人）

輸出者
（受取人）

輸入者（送金依頼人）は送金手続きを行うにあたり、送金資金のほかに外国送金手数料が必要になるのよ

02 信用状取引の基本

すぐに代金を回収できるので、
輸出者にとってありがたい決済方法です。

🚢 船積み後、すぐに代金を回収できる

信用状（Letter of Credit：L/C）とは、輸出者が信用状の条件に一致した書類を作成・提示することで、輸入者の取引銀行（信用状発行銀行）が輸出者（代金の受取人）に対し、輸入者に代わって代金の支払いを確約する保証状のことです。輸入者の取引銀行が輸出者に対する代金の支払いの保証をしてくれるものなので、輸出者にとってはありがたい決済方法といえます。

輸出者は船積みのあと、信用状条件にもとづいた船積み書類と為替手形を自社と取引のある金融機関にもち込むことで、すぐに代金の回収ができます。 商品を送り出してから代金回収までの時間が短いので、輸出者にとって安全な決済方法といえます。

🚢 厳密一致というきびしい原則がある

信用状取引は、**書類取引**ともいわれます。関係者は信用状に要求された書類を取り扱います。輸出者が買取銀行（→ P.201）に提出する書類は、信用状の条件に一致していなくてはなりません。**信用状の内容と提出された書類が完全に一致していないと、銀行は代金を支払わないのです。** これを「厳密一致の原則」と呼びます。

代金回収に関わる大事なことなので、信用状取引の書類手続きは、信用状に関する知識と経験の豊富な貿易実務者が行うケースが多くなります。そのため、信用状に要求された書類を正確に、かつ短時間で作成できる実務者は重宝されます。

信用状取引のメリットとデメリット

輸出者

メリット
- 代金回収リスクを低減できる。
- 船積み後、短時間で代金の回収ができる。

デメリット
- 社内に信用状に関する知識のある人が必要。
- 少額の取引では、受取金額に対して多くの手間がかかる。

輸入者

メリット
- 代金の前払いをする必要がない（輸入者は輸出地の銀行から輸入地の銀行に書類が到着したあと、その書類を受け取ってから代金を支払うため）。

デメリット
- 信用状の発行に、手数料がかかる（信用状金額の0.025％前後といわれている）。

輸入者が行う信用状取引の手続き

輸入者

→ 信用状の発行を依頼 →

発行銀行

手続きは銀行のWebサイトからでも可能だが、書類で行う場合は下記のものを提出する。
- 信用状発行依頼書（Application for Opening L/C）
- 銀行取引約定書
- 商業信用状約定書

発行銀行は信用状の発行依頼があった段階で、輸入者の与信面を十分に検討します。不安がある場合は、担保の差し入れなどを求めます。

信用状発行手数料を支払う

03 信用状取引に関わる人たち

信用状取引に登場する
関係者の役割を理解しましょう。

🚢 信用状取引の流れを確認する

信用状取引は、基本的につぎの①～⑤の流れで手続きが進められます。

①**受益者（Beneficiary）**（ベネフィシャリー）と呼ばれる輸出者と、**申請者（Applicant）**（アプリカント）と呼ばれる輸入者のあいだで輸出入契約が結ばれ、決済条件を信用状で行うことに決定します。

②申請者である輸入者は自社の取引銀行に対し、信用状の発行を依頼します。

③**発行銀行（Opening Bank：輸入者の取引銀行）**（オープニングバンク）は信用状を発行し、輸出地の通知銀行（Advising Bank）（アドバイジングバンク）に信用状を送ります。

④**通知銀行（Advising Bank）**は、発行銀行から送られてきた信用状の到着を輸出者である受益者（Beneficiary）に知らせます。

⑤輸出者は信用状に要求された書類を作成・準備し、**買取銀行（Negotiation Bank）**（ネゴシエーションバンク）に提出し、代金の回収をします。

信用状の通知方法

発行銀行から受益者（Beneficiary）へ信用状の発行を通知する方法として、つぎの3つがあります。

1 **郵送**（信用状の書類原本を、航空便で郵送する方法）。
2 **フル・ケーブル・アドバイス方式**（信用状の全文を電信と呼ばれるデータ送信機器で送る方法）。
3 **プレ・アド方式**（信用状の要点を電信で事前に通知し、書類原本をあとで郵送する方法）。

200

第6章 代金を回収しよう

信用状取引の流れ

受益者（Beneficiary）
信用状を利用する人。輸出者を指す。

申請者（Applicant）
信用状の発行を自社の取引銀行に依頼する人。輸入者を指す。

発行銀行（Opening Bank）
信用状を発行する銀行。開設銀行とも呼ばれ、Issuing Bankとも表現される。

通知銀行（Advising Bank）
発行銀行から依頼を受けて、受益者に信用状の到着を通知する銀行。

買取銀行（Negotiating Bank）
輸出地にある銀行で、輸出者から提示された為替手形や船積み書類の買取を行い、輸出者に代金を支払う銀行。

信用状は英語で記載されるから、関係者の英語表記を押さえておこう

201

04 信用状の種類とポイント

輸出者は信用状を入手したら、記載内容を慎重に確認します。

慎重に信用状の確認をする

　信用状取引は輸出者にとって安全な決済方法の1つですが、信用状の内容を確実に理解していないといけません。輸出者は通知銀行から送られてきた信用状を受け取ったら、「信用状に記載されている条件が契約内容と一致しているか」「要求されている書類に問題はないか」をチェックします。

　万が一、記載内容に不備や誤り、相違点や契約内容と異なる不利な条件などを見つけたら、輸入者に対し、すぐに信用状の訂正（Amendment）を依頼します。 代金回収に関わる重要なことなので、迅速な対応が求められます。

信用状の種類を把握しよう

　信用状には、つぎのような種類があります。

①**取消不能信用状（Irrevocable L/C）**：実際のビジネスで利用されている信用状。一度発行された信用状は、関係者全員の同意がなければ、取り消しや変更ができません。信用状統一規則（UCP600）では、信用状はすべて取消不能と規定しています。

②**確認信用状（Confirmed L/C）**：信用力の弱い発行銀行が発行する信用状に、国際的な信用力の高い銀行がさらに支払い保証をしたもの。

③**買取銀行指定信用状（Restricted L/C）**：為替手形の買取銀行が、特定の金融機関に指定されている信用状。輸出者は指定されている金融機関に、決済手続きをすることになる。

　それぞれの信用状の特色を理解し、手続きを行うことが大切です。

信用状のチェックポイント

☑ 契約内容と一致しているか
信用状に記載されている内容と、輸入者と結んだ契約内容とに相違がないかを確認する。

☑ 記載内容に不備がないか
BeneficiaryやApplicant、社名の住所などのスペルは正しいか、記載された金額に誤りはないかなどを確認する。

☑ 信用状に記載されている日付を確認する
信用状の発行日（Date of Issue）、船積み期限日（Latest Shipment）、有効期限日（Date of Expiry）などをチェックして、無理がない日程かを確認する。

信用状統一規則（UCP600）とは？

信用状統一規則とは、信用状に関する国際的な取引ルールをまとめたものです。国際商業会議所（International Chamber of Commerce：ICC）によって制定されました。最新の信用状統一規則は、2007年に改訂された「ICC荷為替信用状に関する統一規則および慣例2007年改訂版」〔ICC Uniform Customs and Practice for Documentary Credits（UCP600）〕です。一般的には、「UCP600」と呼ばれています。

05 信用状の買取手続き

信用状取引では、正確な手続きを行うことで、短時間で代金の回収ができます。

必要な書類を作成、入手する

　輸出者にとってもっとも大切なことは、輸出した商品の代金を早く、確実に回収することです。輸出者は決済条件を信用状取引として契約した場合、船積み後に信用状の指示にしたがい、代金回収のための買取手続きを行います。

　輸出者は信用状の指示にしたがい、送り状（Invoice）、包装明細書（Packing List）、為替手形（Bill of Exchange）を作成します。 ここ

信用状の買取手続きの流れ

輸出者の仕事

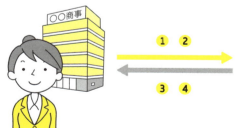

1 信用状に求められている書類を作成、入手する。
2 書類内容を確認し、為替手形と船積み書類を提出する。

買取銀行の仕事

3 提出された書類の枚数や記載内容を信用状に照らし合わせて、慎重にチェックする。
4 提出された書類に問題がなければ、輸出者に代金を支払う。

で輸出者に求められるのは、正確で間違いのない書類の作成です。

さらに船会社から発行された船荷証券（Bill of Lading）を入手します。CIF条件やCIP条件（→P.86〜89）の際は、保険会社から発行された保険証券（Insurance Policy）も必要になります。

🚢 信用状の内容と一致しているかよく確認する

必要な書類の作成と入手ができたら、それぞれの書類の記載内容をチェックします。すべての書類が信用状の条件と合致していなければならないので、入念に確認します。記載内容に問題がなければ、輸出者は買取銀行に対して買取手続きを依頼します。

信用状の指示と完全に一致した正確な書類を買取銀行に提出することができれば、船積み後、数日のあいだに代金を回収することができます。

買取手続きに必要な書類

作成するもの
- 送り状（Invoice）
- 包装明細書（Packing List）
- 為替手形（Bill of Exchange）
- 買取依頼書（Application for Negotiation）

船荷証券（Bill of Lading）

船会社 → 輸出者 → 買取銀行（○○銀行）

保険証券（Insurance Policy）

保険会社 → 輸出者

入手するもの
- 船荷証券（Bill of Lading）
- 保険証券（Insurance Policy）

06 ディスクレに対応する

輸出者はディスクレが発生したら
すばやく対応することが大切です！

信用状と提出書類に不一致があった

ディスクレとは、**ディスクレパンシー（Discrepancy：不一致）の略です。輸出者が買取銀行に呈示した船積み書類や為替手形の記載内容に、信用状の条件と一致しない記載や矛盾があること**を指します。

信用状取引のメリットである早期の代金回収を図るために、輸出者はディスクレのない正確な書類を作成することが大切です。しかし、正確な書類を提出したつもりでも、ディスクレが発生する場合があります。そのため、輸出者はディスクレへの対処方法を理解しておくことが重要です。

ディスクレに対処するには？

ディスクレが発生した場合には、**①書類の訂正・差し替え**、**②L/G付き買い取り**、**③ケーブル・ネゴ**という対処方法があります。

L/G（Letter of Guarantee：保証状）とは、輸出者が作成し、買取銀行に提出した書類内容の不一致に関しては、輸出者が責任を負うという保証状のことです。

軽微なディスクレには、①書類の訂正・差し替えが一番よい解決方法とされています。 書類を作成し直して買取銀行に提出することで、安全で確実に代金を回収することができます。

しかし、信用状に明記されている金額を大きく超過した書類の提示や、信用状に記載されている船積み期限日を大幅に過ぎた船積みなど、重大なディスクレが生じた場合、買取銀行は発行銀行の承諾を得ないと、代金の支払いをしてくれません。これがケーブル・ネゴです。

第6章 代金を回収しよう

ディスクレへの対応方法

❶ 書類の訂正・差し替え

輸出者　　　　　買取銀行

① ディスクレの発生通知
② 書類の訂正・差し替え

❷ L/G付き買い取り

輸出者　　　　　買取銀行

① ディスクレの発生通知
② 書類にL/G（保証状）を添えて提出

❸ ケーブル・ネゴ

輸出者　　　　　買取銀行

① ディスクレの発生通知
② ケーブル・ネゴの依頼

発行銀行

③ ディスクレ内容の通知
④ 買取の承諾

207

07 外国為替相場のしくみ

異なる通貨を使用してビジネスを
行うために欠かせない知識です。

外国為替相場を日々チェックしよう

　貿易取引では通常、輸出者側と輸入者側で異なる通貨を使用しているため、決済においてかならず通貨の交換が発生します。こうした場面での、通貨の交換比率を**外国為替相場**といいます。たとえば、1米ドル=110円のように表示します。**担当者は、この通貨の交換比率に注意しながら業務を進めることが大切です。**

　さらに外貨建てで契約した貿易取引では、**為替変動リスク**が発生します。たとえば、過去には1米ドルが80〜90円のときがありましたし、現在も1米ドルが105円、110円、120円と日々、変動しています。こうしたことから、輸出者や輸入者は為替変動リスクを回避する対策を立てることが重要です。

為替変動リスクへの対策を立てる

　為替変動リスクへの対策として、**①円建て契約**、**②為替予約**という方法があります。

　①円建て契約とは、契約交渉時に円建て契約をすることです。海外にいる取引相手が為替変動リスクを負うことになります。

　②為替予約とは、銀行に対して為替予約を行うことです。たとえば、1米ドル=110円50銭で為替予約を行うと、**その後の為替変動に関係なく、受け渡しする円貨の額が確定します**。為替相場が大幅に変動したとしても、不測の損害を回避することができます。ただし、為替予約は取り消しや修正ができません。予約した期日に予約した金額の売買を実行することになるので、将来的な予測が重要になります。

第 6 章　代金を回収しよう

円高と円安

円高：1米ドルが 110 〜 120 円から、70 〜 80 円になること。

受け取る日本円が少ないので、日本の輸出企業にとってきびしい環境になる。

円安：1米ドルが 70 〜 80 円から、110 〜 120 円になること。

受け取る日本円が多いので、日本の輸出企業にとってめぐまれた環境になる。

円建て契約のしくみ

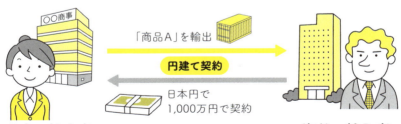

為替変動リスクを輸入者が負うことになる！
（日本の輸出者が受け取る金額は変わらない）

209

買取手続き依頼の流れ

Documents Flow

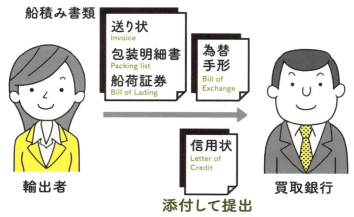

| 作成者 ▶ 輸出者 | 提出先 ▶ 買取銀行 |

時期 ▶ 船積みが終了したあと、代金を回収するとき

POINT

　信用状取引の場合、輸出者は船積みが終了したら、買取銀行に対して為替手形（Bill of Exchange）と船積み書類を提出し、買取の依頼をします。

　為替手形（Bill of Exchange）、送り状（Invoice）、包装明細書（Packing List）は、輸出者が信用状の内容を確認し、その指示にしたがって作成します。

　船荷証券（Bill of Lading）は船会社から入手し、記載内容を確認します。これらの書類に信用状（Letter of Credit）のオリジナル（原本）を添付し、買取銀行に提出します。買取銀行で提出した書類の内容を確認され、不備や不一致がないと判断されれば、輸出者へ代金が支払われます。

　なお、CIF条件またはCIP条件の場合は、保険証券（Insurance Policy）も提出します。

第 7 章
保険・クレームの基礎知識

この章の内容

01 貨物海上保険の基本
02 保険契約時の注意点
03 貨物海上保険の種類
04 保険求償手続きを行う
05 貿易保険の基本
06 もしもクレームが起きたら？

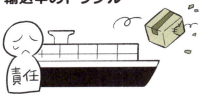

01 貨物海上保険の基本

輸出者と輸入者の合意のもと
輸送リスクを抑えるために保険をかけます。

🚢 国際輸送される商品を守る

　貨物海上保険とは、**国際間で輸送される商品を対象に、輸送中のさまざまな危険から生じる商品の滅失や損傷による損害を補償する**ものです。海上・航空・陸上、それぞれの輸送が保険対象となります。

　貨物海上保険は輸出者と輸入者の合意があって、初めて契約が成立します。どちら側が保険をかけるかは、貿易条件（インコタームズ）によって異なります。代表的なものとして、CIF条件やCIP条件の場合、輸出者側が保険の手続きを行います。FOB条件やCFR条件で

保険関係のしくみ

保険契約者（輸出者 or 輸入者） → 保険者（保険会社）

1. 貨物海上保険を申し込む
2. 保険契約を結ぶ
3. 保険料を支払う
4. 保険証券を作成・発行する

事故が発生したら

5. 保険求償手続きを行う
6. 保険金を支払う

は、輸入者側が手続きをします。

予定保険と確定保険で守られる

　保険の申し込み前に発生した事故に対して、保険会社はカバーしません。そのため、**輸送による危険が生じた時点で、貨物海上保険の契約が成立していなければなりません**。保険のかけ忘れを防ぐために、一般的に予定保険の手続きを行います。

　保険をかける人は、船積みの予定が決まった時点で、保険会社に対して**予定保険**を申し込みます。そして、船積みが完了した時点で**確定保険**に切り替える手続きをします。このことにより、一時的にも貨物に保険がかかっていない状態を防ぐことができます。

　国際間の長距離輸送が基本となる貿易ビジネスにおいて、保険は重要な役割を担いますので、貨物海上保険の知識を深めていきましょう。

保険契約者はインコタームズにより決まる

CIF／CIP条件の場合

輸出者が保険手続きを行う。

FOB／CFR条件の場合

輸入者が保険手続きを行う。

保険手続きを行う際は、契約内容をきちんと確認しなきゃね！

02 保険契約時の注意点

貨物海上保険をかけるときは
契約内容や保険料の確認が必要です。

輸送する商品を対象とする貨物海上保険

　貨物海上保険は国際間で輸送される商品を対象とするものです。保険契約者（輸出者または輸入者）が保険会社に貨物海上保険を申し込み、保険契約を結んで、保険料を支払います。それに対し、保険会社からは、**保険証券（Insurance Policy）** が発行されます。

　とくにCIF条件の信用状取引では、輸出者は保険会社から保険証券を入手し、送り状（Invoice）や船荷証券（Bill of Lading）などの書類とともに銀行に提出します。 この際、保険証券の記載内容を十分に確認することが大切です。

　なお、保険証券は、流通性をもたせるために英文証券が使用されます。

保険の種類と内容を理解して保険をかける

　輸出者側で保険手続きを行う際は、保険契約の内容とかかる保険料もあらかじめ確認しておきましょう。

　保険の種類と基本的な条件は、224ページでくわしく解説します。

　また、保険契約内容の約款である **ICC（Institute Cargo Clauses：協会貨物約款）** も押さえておきましょう。ICCは普通約款と特別約款から構成されており、2009年に制定されたICCには、ICC（A）、ICC（B）、ICC（C）の3種類があります。

　とくに信用状取引の場合、信用状にどのような種類の保険をかけるか明記されているので、かならずその指示にしたがうことが大切です。

保険に関する用語

● 保険金額（Insured Amount）

事故の際に保険会社から支払われる最高限度の金額。通常、CIF価格またはCIP価格に、輸入者の希望利益（CIF・CIP価格の10％）を加算した金額となる。

● 保険料率（Rate of Insurance Premium）

保険金額に対するパーセンテージで示された数字。通常、100円に対して何銭と表示される。一般的に保険料率は、「航路、貨物の性質、荷姿、保険条件、船舶の規格など」によって算出される。

● 希望利益（Imaginary Profit）

商品が無事に目的地に到着し、輸入者がその商品を売ることで、得ることができたと考えられる利益のこと。通常、CIF価格・CIP価格の10％とされる。

保険証券を入手したら、かならず保険金額を確認するんだ

03 貨物海上保険の種類

保険で補償される範囲は、
保険の種類によって異なります。

貨物海上保険の種類をおぼえよう

代表的な貨物海上保険の種類として、①全危険担保、②単独海損担保、③単独海損不担保、④全損のみ担保の4つがあります。

①全危険担保（All Risks：A/R）：補償される範囲が一番広い条件です。一般的な商品の輸送では、この条件になります。ただし、戦争危険（War Risk）と同盟罷業危険（S.R.C.C.：ストライキや暴動などの危険）を除きます。つまり、貨物固有の瑕疵や航海の遅延、被保険者の不法行為は保険対象外となりますが、そのほかのすべての危険はカバーされます。保険をかける側にとっては一番安心できる条件ですが、保険料がほかの条件に比べて高くなります。2009年に制定されたICC（協会貨物約款）では、ICC（A）と表記します。

②単独海損担保（With Average：WA）：全損・共同海損・分損のすべての損害について補償する条件。③単独海損不担保や④全損のみ担保と比べて、保険会社の補償の範囲が広いものです。ICC（B）に相当します。

③単独海損不担保（Free from Particular Average：FPA）：全損の場合に補償される条件です。分損不担保ともいわれ、ICC（C）に相当します。共同海損（▶右図）の場合にも補償されます。

④全損のみ担保（Total Loss Only：TLO）：貨物が全滅または全滅が推定される場合に補償される条件。補償される範囲が一番せまい保険です。

こうした保険で補填される範囲を理解したうえで、商品の特色や輸送方法を考慮して、かける保険を選ぶことが大切です。

貨物海上保険の補償範囲

	ICC（A）	ICC（B）	ICC（C）
火災・爆発	○	○	○
船舶・艀（はしけ）の沈没・座礁	○	○	○
陸上輸送用具の転覆・脱線	○	○	○
輸送用具の衝突	○	○	○
本船・艀（はしけ）への積み込み・荷おろし中の落下による梱包1個ごとの全損	○	○	×
海・湖・河川の水の輸送用具・保管場所への浸入	○	○	×
地震・噴火・雷	○	○	×
雨・雪などによる濡れ	○	×	×
破損・曲がり・へこみ、擦損・かぎ損	○	×	×
盗難・抜荷・不着	○	×	×
外的な要因をともなう漏出・不足	○	×	×
共同海損・救助料、投荷	○	○	○
波ざらい	○	○	×

※ ICC（協会貨物約款）より。

共同海損とは？

共同海損という制度もあります。左ページで解説した4種類の保険とは異なり、輸送中の船に沈没などの危険がせまったとき、それを回避するために積載貨物の一部を投棄することによって危険を回避するもの。こうむった損害や費用は無事に助かった船舶と荷主の共同で負担しようという制度です。

04 保険求償手続きを行う

もしも商品の輸送中に事故が起きたら
保険求償手続きを行います。

🚢 保険求償手続きの手順を把握しよう

　輸送中の事故で商品が損傷を受けた場合、輸入者が保険会社へ保険金を請求します。これを保険求償(きゅうしょう)手続きといいます。基本的には、つぎの①〜④の手順で行います。

　①**事故通知**：到着した商品に損傷などを発見した場合、保険金を求める者（輸入者）は、保険会社に事故の通知を行います。保険証券に記載されている保険会社へ、すみやかに事故の通知を行いましょう。

　②**書類にリマーク（Remarks：事故摘要）を取りつけておく**：国際間の輸送では、海上・航空・陸上の各輸送段階で、商品の受け渡しを証明する書類があります。たとえば、コンテナから商品を取り出した際の確認書として、デバンニングレポート（Devanning Report）があります。輸送商品に異常が確認された場合は、こうした輸送の証明書類にリマークを取りつけておくことが必要です。

　③**クレームの通知**：貨物の輸送に責任を負う船会社や航空会社などの運送事業者・運送人にクレーム通知をして、回答書を入手します。

　④**保険会社に必要書類を提出**：保険会社から求められる必要な書類を提出します。提出する書類に不備がないか、正確に記入されているか、よくチェックしてから提出しましょう。

　保険求償手続きは、保険金の給付に関わる重要な手続きです。事故が起きないのに越したことはありませんが、もしものときのために手続きの手順やポイントをよく理解しておきましょう。

保険求償手続きに必要な書類

保険求償をする者 → 保険求償の手続き → **保険会社**

提出書類
- 保険証券（Insurance Policy）の原本
- 送り状（Invoice）
- 包装明細書（Packing List）
- 船荷証券（Bill of Lading）
- 運送業者あてのクレーム通知書
- 運送会社からの回答書

提出する書類をすみやかに準備し、提出前に記載内容をチェックしてね

デバニングレポート（Devanning Report）とは？

コンテナから商品を取り出した際に、商品の数量や状態を記載した報告書です。商品に損害や過不足が発見された場合は、Devanning Report にリマークが記載されます。

05 貿易保険の基本

貨物海上保険でカバーされない
リスクに対して補償する保険です。

🚢 非常危険と信用危険をカバーする

　貿易保険とは、海外投資や輸出入取引などで生じる信用危険や非常危険などのリスクによって、日本の企業がこうむる損害をカバーするための保険です。**信用危険（Commercial Risk または Credit Risk）とは、海外の取引相手に責任があるリスクのことで**、破産や債務履行の遅延などがあります。**非常危険（Country Risk または Political Risk）とは、取引当事者の責任ではない不可抗力的なリスクのことです。**戦争や外貨送金の規制などが当てはまります。

🚢 独自の与信審査のもと、リストが作成される

　貿易保険は、株式会社日本貿易保険（Nippon Export and Investment Insurance：NEXI）が引き受けます。

　貿易保険を利用するには、取引相手である海外企業が日本貿易保険の**海外商社名簿**に登録されている必要があります。海外商社名簿とは、日本貿易保険が独自の与信審査の結果をもとに、海外企業ごとに割り当てた番号、格付けを記載したリストのことです。

　日本貿易保険は、独自の与信審査を行います。そして、**審査結果をアルファベット2文字の組み合わせによる海外商社格付（バイヤー格付）として、海外商社名簿に登録しています**。海外商社名簿には、海外企業の名称、国名、住所、バイヤーごとの割り当て番号（Buyer Code）、バイヤー格付などが記載されます。

　貿易保険は、貨物海上保険ではカバーできない損害を引き受けてくれます。安心して貿易取引を進めるために、おぼえておきましょう。

第 7 章　保険・クレームの基礎知識

格付記号一覧表

与信管理区分のバイヤー格付と評価基準	
G（Government）	政府機関等
S（Security）	外貨管理当局 など
A（Authority）	一般政府機関 など
E（Enterprise）	政府系企業、国立銀行 など
E（Enterprise）	民間企業
E（Excellent）	優良企業
A（Ace）	信用状態良好 など
M（Massive）	信用責任残高大
F（Fair）	保険引き受けに一定制限
C（Cautious）	信用状態等に不安
S（Security）	商業銀行等
A（Ace）	優良商業銀行 など
C（Cautious）	信用状態に不安
P（Provisional）	格付未確定
N（Newly established）	創設期の者
U（Uncertain）	信用状態不明
T（Temporary）	信用調査不可能 など

格付は、バイヤーごとに2つのアルファベットで示される。たとえば、「EE」なら「Enterprise」+「Excellent」、つまり優良の民間企業という格付になる。

G・E・Sのうち、信用危険が発生したり、信用危険の発生する可能性が高いと判断されたら、事故管理区分の格付がなされる。

事故管理区分のバイヤー格付と評価基準	
R（Remarks）	債務不履行
Gグループ Sグループ Eグループ	●損失発生通知の内容が「債務不履行」として報告された者。 ●相当の支払い遅延のある者。 ●2年以内に不渡り手形を発行した者。
B（Bankruptcy）	破産、保険金支払い等
Gグループ Sグループ Eグループ	●損失発生通知の内容が「破産」として報告された者。 ●保険金を支払った者。 ●破産、その他これに準ずる状態にある者。

※株式会社日本貿易保険のWebページを参考に作成。

06 もしもクレームが起きたら？

事故やトラブルが発生したときに
正しい対処方法を選択できるようになりましょう。

🚢 クレームが起きるのはめずらしくない

　貿易取引では、思いがけないことで事故やトラブルが起こります。事故やトラブルが発生したときは、対象者に苦情を申し入れ、損害賠償の請求を行います。これを**クレーム**といいます。

　貿易ビジネスにおいて、クレームが発生することはめずらしくありません。当事者となる輸出者・輸入者はクレームの内容を慎重に確認し、最善の解決方法を探ることが大切です。

🚢 運送クレームと貿易クレームがある

　クレームには、商品の運送に要因がある**運送クレーム**と、契約の内容などに関する**貿易クレーム**があります。

　輸送中の商品が破損するなどの**運送クレームでは、主に輸送会社・運送人の責任が問われます**。一方、**貿易クレームでは、商品に関する事故・トラブルが多く、輸出者・輸入者の責任が問われます**。

　輸出者・輸入者は事故やトラブルが発生しないよう、事前に十分な準備を行い、契約内容をきちんと理解したうえでビジネスをスタートさせる必要があります。

　それでもクレームが発生した場合は、ただちに問題の内容を確認し、すばやく対処します。対処方法を誤るとトラブルがいっそう大きくなり、解決まで時間がかかってしまいます。そうなってはおたがいにとって不利益な結果となりますので、対処方法を知ることが重要です。

　何事も起こらないのが一番ですが、万が一の事態に的確な判断を下し、行動できるかどうかも、貿易実務者の腕の見せどころです。

第7章 保険・クレームの基礎知識

よくあるクレームの例

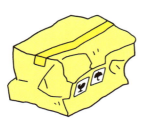

- 破損（Breakage）
- 不完全梱包（Bad Packing）
- 着荷不足（Shortage）
- 品質不良（Inferior Quality）
- 品質相違（Different Quality）
- 船積み遅延（Delayed Shipment）

主なクレームの解決方法

● 和解（Compromise）

当事者の話し合いによって友好的に解決する方法。売買契約書や注文書をもとに、当事者同士が冷静に対処し、おたがいに合意したうえで解決する。

● 調停（Mediation）

調停人

それぞれの当事者が選任した第三者の調停人（Mediator）が、双方の意見などをもとに調停案を提示する方法。調停案に拘束力はない。

● 仲裁（Arbitration）

仲裁人

それぞれの当事者が選任した第三者の仲裁人（Arbitrator）や仲裁機関にトラブルの解決を任せる方法。仲裁人や仲裁機関から、強制力のある裁定（Award）が下される。

● 訴訟（Litigation）

当事者間では解決できない紛争を民事訴訟として裁判所に訴えて、強制的に解決する方法。

クレームが起きても、まずは友好的にビジネスをつづけることを考え、話し合いで解決できるようにしよう

Documents Flow
保険証券（Insurance Policy）の流れ

申請者
（CIF条件の場合
は輸出者）

保険会社

作成者 ▶ 保険会社　　→　　発行先 ▶ 申請者

時期 ▶ 契約を結んだあと、船積み前まで

POINT

　CIF条件の場合、輸出者は保険会社に対し、貨物海上保険の申し込みを行います。

　通常は輸出者が保険会社に対して、海上保険申込書、送り状（Invoice）、信用状（Letter of Credit）のコピーなどを送付します。

　保険会社は送られてきた書類を参考に、保険証券（Insurance Policy）を作成し、輸出者へ発行します。輸出者は保険証券の記載内容を確認します。信用状取引の場合、保険証券はほかの書類とともに買取銀行に提出します。

第 7 章 保険・クレームの基礎知識

書類作成者一覧

それぞれの貿易書類をどの企業が作成するかきちんと確認しておきましょう。

書類名	輸出者	海貨業者	船会社	NVOCC	航空会社	混載業者	銀行	保険会社	輸入者
売買契約書 Sales Contract	◎								
送り状 Invoice	◎								
包装明細書 Packing List	◎								
船積依頼書 Shipping Instructions	◎								
原産地証明書 Certificate of Origin	◎								
船荷証券 Bill of Lading			◎						
ハウス船荷証券 House Bill of Lading				◎					
BL訂正用の保証状 Letter of Guarantee	◎								
ドック・レシート Dock Receipt		◎							
コンテナ明細書 Container Load Plan		◎							
信用状 Letter of Credit							◎		
信用状発行依頼書 Application for Opening L/C									◎
保険証券 Insurance Policy								◎	
為替手形 Bill of Exchange	◎								
船積み通知 Shipping Advice	◎								
貨物到着案内 Arrival Notice			◎						
荷渡し指図書 Delivery Order			◎						
銀行連帯保証状 Bank Letter of Guarantee									◎
航空貨物運送状 Air Waybill					◎				
ハウス航空貨物運送状 House Air Waybil						◎			
ケーブル・ネゴ依頼書	◎								

233

書類見本❺

Insurance Policy （保険証券）

NIPPON FIRE & MARINE INSURANCE COMPANY, LIMITED

❶ Assured   SAGAMI   BOUEKI   CO., LTD.   **❷** Invoice No.   SA－001

Messrs.

Policy   No. | 987-654-321 | **❸** Amount Insured   US $ 451,605.00

Claim, if any, Payable at   Conditions   〔Risks Covered〕

by   **❹**   ALL RISKS

Local Vessel or Conveyance   From 〔interior port or place loading〕

Ship or Vessel called the   at and from   **❻** Sailing on or about

❺ YAMATO   MARU   TOKYO, JAPAN   JULY   31, 20XX

Arrived at/ transhipped at   thence to

NEW YORK, USA

Goods and Merchandises

❼

FULL   AUTOMATIC   EARTHEN
RICE   COOKER   "E－DONABE"

Including risks of war,

Strikes, Riots and Civil Commotions

All Risks... · · · · · · · · · · ·

W.A.... · · · · · · · · · · · ·

F.P.A. · · · · · · · · · · · · ·

T.P.N.D. · · · · · · · · · · · · · ·

In case of interest hereby Insured being packed into containers   (except open   · · · · · · · · · · · · ·

top&/or flat rack Container and the like) , shipped under deck&/or on deck.   · · · · · · · · · · · · · ·

Marks and Numbers as per Invoice No. specified above   Valued at the same as Amount Insured.

Place and Date signed in   **❾** Numbers of Policies issued

❽ TOKYO, JAPAN   JULY   29, 20XX   TWO   (2)

Warranted Free · · · · · · · · · ·   The descriptions to be · · · · · · · · · · · · · ·

· · · · · · · · · · · · · · ·   · · · · · · · · · · · · · · · · · · ·

· · · · · · · · · · · · · · ·   · · · · · · · · · · · · · · · · · · ·

· · · · · · · · · in this policy.   · · · · · · · · · · · · · · · · · · ·

·

For   NIPPON FIRE & MARINE INSURANCE COMPANY, LIMITED

第7章　保険・クレームの基礎知識

どんな書類？

保険会社が作成し、CIF条件の場合は、申請者である輸出者に対して発行する書類。オモテ面に保険条件や保険金額など、必要事項が記載されている。Insurance Policy（保険証券）は船荷証券とは異なり、有価証券ではなく、単に保険契約の成立を証明したもの。

記載内容

❶ **Assured**：被保険者名（CIF条件の場合は輸出者名）を記載。
❷ **Invoice No.**：インボイス番号。
❸ **Amount Insured**：保険金額（通常はCIF価格の110%の金額）。
❹ **Conditions**：保険の種類（今回はAll RISKSと記載されている）。
❺ **Ship or Vessel**：貨物（商品）を積載する本船名。
❻ **Sailing on or about**：本船の出港日。
❼ **Goods and Merchandises**：保険の目的（商品名を記載する）。
❽ **Place and Date signed in**：保険証券の発行地と発行日。
❾ **Numbers of Policies issued**：保険証券の発行部数（通常は2部）。

CIF価格とは、商品の本体価格＋仕向け地までの海上運賃＋保険料金のことよ

POINT

輸出者は保険証券を入手した際、Amount Insured（保険金額）をかならず確認しましょう。通常、CIF金額やCIP金額の110%になっています。信用状取引で要求されている場合は、記載内容を十分に確認し、ほかの書類とともに買取銀行に提出します。

書類見本❻

Surrender B/L（サレンダー B/L）

Shipper SAGAMI BOUEKI CO., LTD. 123. MINATOMIRAI, NISHI－KU, YOKOHAMA, KANAGAWA JAPAN	**B/L NO.** TYONY－001

Consignee

TO ORDER

JAPAN SHIPPING LINE

BILL OF LADING

Notify Party

GENERAL TRADING CORPORATION
7－8－X 6TH AVE, NEW YORK, NY 10019
USA

RECEIVED by the Carrier from the shipper in apparent good order and condition unless otherwise indicated herein, the Goods, or the container(s) or package(s) said to contain the cargo herein mentioned, to be carried subject to all the terms and conditions provided for on the face and back of this Bill of Lading by the vessel named herein or any substitute at the Carrier's option and/ or other means of transport, from the place of receipt or the port

****
****
****
**********the others to stand void:

Pre-carriage by	Place of Receipt TOKYO CY

Ocean Vessel YAMATO MARU	Voy. No. 17E	Port of Loading TOKYO, JAPAN

Port of Discharge NEW YORK, USA	Place of Delivery NEW YORK CY	Final Destination (for the merchant's reference only)

Container No.　Seal No. ; Marks & Nos.	No. of containers of P'kgs.	kind of Packages: Description of Goods	Gross Weight	Measurement
JSLU 1234567/20F JSL 2323 GTC NEW YORK C/NO.1-510 MADE IN JAPAN	20x1	" SHIPPER'S LOAD & COUNT " " SAID TO CONTAIN " FULL AUTOMATIC EARTHEN RICE COOKER "E-DONABE" * * * * * * * * * * * * * 　　L/C NC. BBS－943 FREIGHT PREPAID		
			4,590 KGS	28.560 M3
	510CARTONS			
TOTAL NUMBER OF CONTAINERS OR PACKAGES (IN WORDS)	ONE (1) CONTAINER ONLY			

FREIGHT & CHARGES	Revenue Tons	Rate	Prepaid	Collect
SURRENDER				

> 船会社は通常の船荷証券（B/L）と同じように作成したうえで、「SURRENDER」と表記する。

Ex. Rate	Prepaid at TOKYO, JAPAN	Payable at	Place of B(s)/L Issue　　Dated TOKYO JAPAN JULY 31, 20XX
	Total Prepaid in Local Currency	Number of Original B(s)/L THREE(3)	*JAPAN SHIPPING LINE*
Date	Laden on Board the Vessel By		

244

どんな書類？

輸入地での貨物の引き渡し手続きをスムーズに行うために利用されるもの。通常、輸入者は輸出者や銀行から送られてきた船荷証券（B/L）を輸入地の船会社に提出し、荷渡し指図書（Delivery Order）を入手することで、輸入貨物を受け取ることができる。ただし、サレンダー B/L を利用することで、輸入地でこのような手続きを行わなくても、輸入貨物の引き渡しが簡単にできるようになる。

サレンダー B/L の流れ

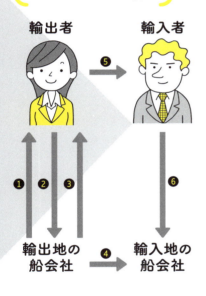

❶ 輸出地の船会社はサレンダー B/L を作成し、輸出者に発行する。

❷ 輸出者はサレンダー B/L に裏書きを行い、船会社に返却する。

❸ 船会社は返却されたサレンダー B/L を保管し、輸出者にはコピーを渡す。

❹ 輸出地の船会社は輸入地の船会社に、輸出者のサレンダー B/L を保管してあり、サレンダー B/L の提示がなくても輸入貨物を引き渡してよいと連絡する。

❺ 輸出者は輸入者にサレンダー B/L を手配した旨を連絡する。

❻ 輸入者は船会社に出向き、B/L の提示なしに輸入貨物を手に入れることができる。

POINT

サレンダー B/L の利用には、輸入者との信頼関係が必要です。決済条件が前払い送金の場合や、資本関係のある会社、決済に関して問題がないと判断する会社との取引によく利用されます。

まずはこれだけ！
おぼえておきたい貿易用語集

貿易の仕事に携わることになったら最低限おぼえておきたい、貿易用語をまとめました。勉強時や実務時にわからない用語が出てきたら、調べてみてください

ア行

インランド・デポ（Inland Depot） 輸送
港湾や空港から離れた内陸地域にあり、通関手続きができる保税地域を有している施設。税関の出張所が設置されている。

営業倉庫 取引
他人の貨物（商品）を保管するための倉庫。倉庫業法にもとづき、国土交通大臣の許可を受けて業務を行う。

オーバー・サイズ・カーゴ（Over Size Cargo） 貨物
航空輸送用のコンテナ（Container）やパレット（Pallet）に積みつけられない、大きな貨物。

カ行

外貨準備高 決済
国が輸入代金の決済や借金の返済など、対外支払いにあてられる公的な準備資産をどれくらいもっているかを表したもの。

外国貿易機 輸送
外国貿易のために、日本と外国のあいだを往来する航空機のこと。同様の意味で、外国貿易のために日本と外国とのあいだを往来する船舶を外国貿易船という。

買取銀行指定信用状（Restricted L/C） 書類
信用状に明記されている条件にもとづく船積み書類の買取を、特定の銀行に限定する信用状。買取銀行が指定されている。

開発輸入 取引
日本人の嗜好やニーズにあった商品を企画し、品質やデザインなどを決定したあと、仕様書にもとづいて海外の工場で委託生産した製品を輸入するかたち。

まずはこれだけ！　おぼえておきたい貿易用語集

貨物専用機（Freighter）`輸送`

貨物を輸送することだけを目的に製造された航空機。1回のフライトで、多くの貨物を輸送することができる。

緩衝材 `貨物`

商品の落下防止や衝撃の緩和のために用いる材料。主にエアキャップやエアバッグ、プラスチックの発泡材などが利用される。

関税障壁 `制度`

輸入品に対して関税を高額にすることで、輸入品の国内販売価格を上げて、輸入を制限すること。高い関税を設定することにより、輸入品が国内に入りにくくなる。

危険物取扱手数料 `手続き`

国際航空運送協会（IATA）の危険物規則に定められる危険物貨物の取り扱いに対して、定額でかかる料金。航空運送状を発行した代理店や航空会社の収入となる。

強化段ボール梱包 `貨物`

木製梱包材に代わる代表格として、さかんに利用されている段ボール梱包のこと。トライウォール（Tri-Wall）とも呼ばれている。

公海 `輸送`

いずれの国の排他的経済水域、領海にも含まれていない海洋のこと。公海では、漁業の自由、航海の自由が認められている。

コードシェア `輸送`

共同運航便のこと。相手の航空会社の合意のもとに、相手の便に自社の便名をつけて、自社の運航便と同様の販売を行う方式。

在来型貨物船 `輸送`

不特定多数の荷主の貨物を輸送する船。包装や梱包された雑貨などの貨物を、船倉と呼ばれる貨物スペースに積み込み、輸送する船。

サ　行

サービス貿易 `取引`

外国の企業や業者を利用して、運送サービスや金融サービス、流通サービスなど、商品をともなわないサービスを利用したときに発生する貿易のこと。

シャシー（Chassis）`輸送`

コンテナを載せるための台車。陸上輸送の場合は、専用のトレーラーによって輸送される。

247

出港手続き 手続き

外国貿易船や外国貿易機が海港や税関空港を出港するときに、船長や機長が税関に対して行う手続き。

準拠法 規則

契約の成立、効力、解釈などから生じる問題のよりどころとなる法律。当事者間では、どこの国の法律によるかを決めておくことが大切。

真空梱包 貨物

精密機械などをバリア材で覆い、空気を抜いて真空状態にしたのち、梱包する方法。バリア処理と呼ばれ、真空にしてなかにシリカゲル（乾燥剤）を入れ、湿気を除去してサビを防止する。

信用失態行為の禁止 取引

通関業者・通関士に課せられている禁止行為。通関業者・通関士は、信用を害するような行為はしてはならないとされる。

定期用船 輸送

一定期間に限って船を用いること。定期用船の場合の運賃は、本船の積載貨物の能力をもとに、1日あたりいくらというように定められている。タイムチャーター（Time Charter）という。

タ　行

通関ベース 通関

税関を通過したモノの流れを基準に、集計された貿易額を表すもの。輸出は FOB、輸入は CIF で集計される。

トリミング（Trimming） 輸送

本船の安全な航行を図るために、バラ積み貨物を積み込んだあとに、積荷をならす作業。この荷役作業のための費用をトリミングチャージ（Trimming Charge）という。

ナ　行

内航海運 輸送

日本国内の海港と海港のあいだで貨物を輸送すること。主に原材料や自動車、機械類、重量物、セメントなどを運ぶ。

まずはこれだけ！ おぼえておきたい貿易用語集

ハ　行

艀 はしけ 輸送

港湾において、ブイに係留中の本船と倉庫のあいだにある貨物を輸送するのに用いる港運船。重量物の荷役では、岸壁に係留中の本船への積み上げ作業なども行う。バージ（Barge）ともいう。

ハブ（Hub） 輸送

物流中枢の拠点のこと。中継基地としての役割があり、積み替えや貨物の荷さばきが行われる場所。

ハブ・アンド・スポーク（Hub and Spoke） 輸送

ハブもスポークも、もとは自転車部品の用語。航空業界では、自転車の車軸にたとえて拠点空港のことをハブという。一方、スポークは、放射状に延びた航空航路のネットワークを表す。

非関税障壁 制度

輸入を阻害するために設けられた、関税以外のさまざまな手段や制度のこと。たとえば、複雑な輸入手続きや検査などが当てはまる。

不完全梱包 貨物

輸出貨物の梱包が貨物の内容や性質を考慮せずに不十分であり、輸送中の振動や打撃などの障害に耐えられない状態をいう。

不当廉売（Dumping ダンピング） 取引

国内の販売価格よりも低価格で商品を輸出すること。不当に安い価格で商品を販売すること。

別送品 貨物

海外駐在者の引越貨物や旅行のお土産など、入国者が携帯して持ち帰るのではなく、別便で送るもの。入国の際には、別送品申告を行う必要がある。

便宜置籍船 べんぎちせきせん 輸送

船籍の受け入れにかかる税金が極端に安いという理由で、船主が船籍をパナマやリベリアなどに登録した船舶。

保護貿易 取引

国内産業を保護するために、商品の品目や種類によって輸入数量の制限をしたり、関税を高くしたりすることで、貿易に制限をかけること。

249

マ　行

マーシャリング（Marshalling）輸送

コンテナヤードにおいて、本船への積みつけプランにもとづき、コンテナをあらかじめきれいに配列すること。

実入りコンテナ 貨物

貨物が積み込まれたコンテナ。これに対して、貨物が積み込まれていないコンテナを空コンテナという。

ヤ　行

ヤードプラン（Yard Plan）輸送

オペレーターがコンテナヤード内にあるコンテナや、本船からおろされたコンテナを、ヤードのどこに配置するかを決める計画のこと。

輸出依存度 取引

国民所得に対する輸出額の比率のこと。国民所得に対する輸出入額の比率は貿易依存度と呼ぶ。

ラ　行

ラッシング（Lashing）輸送

荷崩れ防止のために、本船上で貨物やコンテナをワイヤロープなどで縛り、固定すること。

領事送り状（Consular Invoice）書類

輸入国が輸入価格の不正申告を防止する目的で要求する、公用の送り状。送り状（Invoice）に記入した金額や数量などの記載事項が正確であることを、輸出国に置かれている輸入国の領事館が査証したもの。

ローダー 輸送

貨物を航空機に積むための搭載機。通常、航空貨物はULDの形に梱包され、ローダーを利用して航空機に搭載される。

おぼえておくと役立つ　単位・かたちを表す用語集

おぼえておくと役立つ
単位・かたちを表す用語

貿易取引では、さまざまな単位やかたちを表す用語が使われます。英語のつづりや読み、意味などをきちんと押さえておきましょう

❶ 単位を表す用語

Kilogram	キログラム
Pound	ポンド
Ounce	オンス
Gallon	ガロン
Kilometer	キロメートル
Meter	メートル
Centimeter	センチメートル
Inch	インチ
Feet	フィート
Yard	ヤード
Acre	エーカー
Hectare	ヘクタール
Mile	マイル

❷ 特殊な単位

石油 1 barrel（バーレル）
　＝　おおよそ 159ℓ（リットル）
　＝　42 米ガロン

小麦粉 1 袋	＝	25kg
宝石 1Ct（カラット）	＝	0.2g
生糸 1 俵	＝	60kg

❸ かたちを表す用語

Triangle（トライアングル）	三角形
Oval（オーバル）	楕円
Rectangle（レクタングル）	長方形
Cube（キューブ）	立方体
Parallel Lines（パラレル ラインズ）	平行線
Diagonal（ダイアガナール）	対角線
Circle（サークル）	円
Globe（グローブ）	球
Diamond（ダイアモンド）	ひし形
Square（スクエア）	正方形
Pentagon（ペンタゴン）	五角形
Hexagon（ヘキサゴン）	六角形
Line（ライン）	線

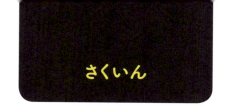
さくいん

A～C

A/R (All Risks) —— 224
Advance Payment —— 82、196
Advising Bank —— 200
AEO (Authorized Economic Operator) —— 152
Air Freight Forwarder —— 52
Air Line (Air Carrier) —— 52
Air Waybill —— 52
Amendment —— 202
Applicant —— 200
Application for Opening L/C —— 199
Arbitration —— 231
B/L (Bill of Lading) —— 50、**184**、205、227
Base Rate —— 113
Beneficiary —— 200
Bill of Exchange —— 204
Berth Term —— 112
Box Rate —— 113
Break Down —— 176
Build Up —— 176
Buyer —— 46
Buyer Code —— 228
Carton —— 174
Case —— 174
Case Mark —— 175
Caution Mark —— 175
Certificate and List of Measurement and/or Weight —— 58
CFR (Cost and Freight) —— 89
CFS (Container Freight Station) —— 168
CIF (Cost, Insurance and Freight) —— 89
CIP (Carriage and Insurance Paid to) —— 87
CLP (Container Load Plan) —— 123
Commercial Risk —— 228
Commodity Rate —— 113
Compromise —— 231
Confirmed L/C —— 202
Container —— 110
Container Terminal —— 169
Container Vessel —— 108
Country Risk —— 228
CPT (Carriage Paid to) —— 86
Crate —— 174
Credit Risk —— 228
Customs —— 54
Customs Broker —— 54
Customs House —— 54

CY (Container Yard) —— 168
C 類型 —— 85

D～F

D/D (Demand Draft) —— 82
DAP (Delivered at Place) —— 88
DAT (Delivered at Terminal) —— 87
DDP (Delivery Duty Paid) —— 88
Deferred Payment —— 82、196
Devanning Report —— 226
Discrepancy —— 206
Dock Receipt —— 123
Documents Courier Service —— 120
Dray Company —— 58
Drayage —— 172
D 類型 —— 85
EXW (Ex Works) —— 86
E 類型 —— 85
FAS (Free Alogside Ship) —— 89
FCA (Free Carrier) —— 86
FCL (Full Container Load) —— 166
FI (Free In) —— 112
FIO (Free In and Out) —— 112
Firm Offer —— 78
FO (Free Out) —— 112
FOB (Free on Board) —— 89
Forwarder —— 54、56
FPA (Free from Particular Average) —— 224
F 類型 —— 85

G～I

Gantry Crane —— 168
Gate —— 168
House Air Waybill —— 180
HS コード (Harmonized Commodity Description and Coding System) —— 150
IATA (International Air Transport Association) —— 178
ICC (Institute Cargo Clause) —— 222、224
Imaginary Profit —— 223
Importer —— 46
Incoterms —— 84、86～89
Insurance Company —— 60
Insurance Policy —— 205、222
Insured Amount —— 223
International Commercial Terms —— 84
Invoice —— **124**、140、144、204、227
Irrevocable L/C —— 202

J～L

JETRO —— 74
L/C (Letter of Credit) —— 82、198、**202**

252

さくいん

L/G（Letter of Guarantee）————— 206
Landed Quantity Terms ————— 91
Landed Weight Terms————— 91
LCL（Less than Container Load）— 166
Liner ————— 108
Litigation ————231
LNG 船（Liquefied Natural Gas Ship）109
Loader ————178

M〜O

M/T（Mail Transfer）————— 82
Mediation ————231
More or Less Terms ————— 91
NACCS（Nippon Automated Cargo and Port Consolidated System）————140、146
Negotiation Bank————— 200
NEXI（Nippon Export and Investment Insurance）————— 228
NVOCC（Non Vessel Operating Common Carrier）————— 50
Ocean Freight ————— 113
Offer ————— 78
Offer Subject to Prior Sale ————— 78
Offer Subject to Seller's Final Confirmation ————— 78
Opening Bank ————— 200

P〜R

Packing List ——— **126**、140、144、204、227
Pallet ————174
Political Risk ————— 228
Rate of Insurance Premium ————— 223
Remarks ————— 226
Remittance ————— 82、196
Restricted L/C ————— 202

S〜U

Shipped Quantity Terms ————— 91
Shipped Weight Terms ————— 91
Shipper ————— 44
Shipping Company（Shipping Line）— 50
Shipping Instructions————**128**、140
Shipping Mark ————175
Small Packages Service ————— 120
Surcharge ————113
Sworn Measurer ————— 58
T/T（Telegraphic Transfer）——— 82、196
Tally Corporation————— 58
Tally Sheet ————— 58
TLO（Total Loss Only）————— 224
Tramper ————— 108
UCP600 ————— 202

ULD（Unit Load Device）————— 176、178

V・W

Vanning ————171
Volume Charge ————116
WA（With Average）————— 224
Weight Charge————116

あ

後払い送金————— 82、196
一般貨物————114
一般貨物用運賃————116
一般取引条件————— 80
インコタームズ————— 84、86 〜 89
印刷条項————— 80
インテグレーター————106、120
インポーター————— 46
運送クレーム————— 230
運送人渡し条件————— 86
運賃、保険料込み条件————— 89
運賃込み条件————— 89
エア・フライト・フォワーダー — 52
エアライン（エアキャリアー）— 52
円高／円安————— 209
円建て契約————— 208
オープン・トップ・コンテナ
（Open Top Container）————111
送り状————**124**、140、144、204、227
オファー————— 78

か

カートン————174
海貨業者（海運貨物取扱業者）——— 56
外国為替相場————— 208
海上運賃————112
海上輸送————106、108
買取依頼書————— 205
買取銀行————— 200
買取銀行指定信用状————— 202
確定保険————— 221
確定申し込み————— 78
確認信用状————— 202
課税標準————— 150
株式会社日本貿易保険————— 228
貨物海上保険————— 60、220 〜 225
貨物室（Cargo Compartment）————178
為替手形————— 204
為替変動リスク————— 208
為替予約————— 208
簡易審査————142
関税————148
関税三法（関税法／関税定率法／関税暫定措

253

置法）	92
関税の納期限延長制度	151
関税フリー商品	149
関税もち込み渡し条件	88
関税率	150
間接貿易	44
ガントリークレーン	168
木箱	174
希望利益	223
基本運賃	113
協会貨物約款	222
共同海損	224
木枠	174
区分1・2・3	142
クレーム	230
クレーム通知	226
契約書（売買契約書）	80、94
ゲート	168
ケーブル・ネゴ	206
決済条件（Payment Terms）	82
検査場検査	144
検数機関	58
検数表	58
現品検査	142、144
厳密一致の原則	198
検量機関	58
航空運賃	116
航空貨物	114、176
航空貨物運送状	52
航空輸送	106、114
工場渡し条件	86
更生の請求	155
国際航空運送協会	116、178
国際宅配業者	106、120
国際宅配便貨物	114
国際宅配便サービス	120
国際複合輸送	106、118
個品運送契約	108
混合税	150
混載貨物	114、180
混載貨物用運賃	116
混載業者	52
コンテナ	110、170
コンテナ・ドレージ	173
コンテナ・フレイト・ステーション	168
コンテナ・ローディング・システム	178
コンテナ船	108、166
コンテナターミナル	168
コンテナ明細書	123
コンテナヤード	168

さ

サーチャージ	113
最終確認条件つき申し込み	78
在来型貨物船（Conventional Vessel）	109
先売り御免申し込み	78
ジェトロ	74
事故通知	226
事故摘要	226
指示マーク	175
事前教示制度	154
シッパー	44
シッピングカンパニー（シッピングライン）	50
自動車専用船（Pure Car Carrier）	109
仕向地もち込み渡し条件	88
従価税	150
修正申告	155
従量税	150
重量容積証明書	58
重量料金	116
受益者	200
書類審査	142
申告納税方式	148
申請者	200
信用危険	228
信用状	82、198、**202**
信用状統一規則	202
信用状取引	**198**、200
信用状の買取手続き	204
信用状の訂正	202
信用状発行依頼書	199
数量過不足容認条件	91
数量条件	90
スモール・パッケージ・サービス	120
税関	54
全危険担保	224
船側渡し条件	89
全損のみ担保	224
送金	82、196
送金小切手	82
訴訟	231

た

ターミナルもち込み条件	87
タイプ条項	80
タンク・コンテナ（Tank Container）	111
単独海損担保	224
単独海損不担保	224
チャーター貨物	114
仲裁	231
調停	231
直接貿易	44
直送貨物	114

さくいん

通関業者 —————— 54
通関士 —————— 141
通関手続き —————— 140、156
通知銀行 —————— 200
定期船 —————— 108
ディスクレパンシー —————— 206
デバニングレポート —————— 226
電信送金 —————— 82、196
ドキュメント・クーリエ・サービス —— 120
ドック・レシート —————— 123
ドライ・コンテナ（Dry Container） —— 111
トランパー —————— 108
取消不能信用状 —————— 202
ドレー会社 —————— 58、172
ドレージ —————— 172

な

ナックス —————— 140、146
荷印 —————— 175
日本アセアンセンター（東南アジア諸国連合
貿易投資観光促進センター） —— 74
日本貿易振興機構 —————— 74

は

バースターム —————— 112
バイヤー —————— 46
ハウス航空貨物運送状 —————— 180
発行銀行 —————— 200
ばら積み貨物船（Bulk Carrier） —— 109
バルク・コンテナ（Bulk Container） —— 111
バルク・ローディング・システム —— 178
パレット —————— 174
パレット・ローディング・システム —— 178
バンニング —————— 170
非常危険 —————— 228
非船舶運航業者 —————— 50
ビルドアップ —————— 176
品目別基本運賃 —————— 113
フォワーダー —————— 54、56
賦課課税方式 —————— 148
普通送金 —————— 82
不定期船 —————— 108
船積依頼書 —————— **128**、140
船積重量条件／船積数量条件 —— 91
船荷証券 —————— 50、**184**、205、227
フラット・ラック・コンテナ
（Flat Rack Container） —————— 111
フル・ケーブル・アドバイス方式 —— 200
プレ・アド方式 —————— 200
ブレイクダウン —————— 176
フレイター —————— 115
ベースレート —————— 113

貿易クレーム —————— 230
貿易保険 —————— 228
包装明細書 —— **126**、140、144、204、227
ホースストール —————— 176
保険求償手続き —————— 226
保険金額 —————— 223
保険証券 —————— 205、222
保険料率 —————— 223
保証状 —————— 206
保税蔵置場 —————— 153
保税地域 —————— 153
ボックスレート —————— 113
本船渡し条件 —————— 89

ま

前払い送金 —————— 82、196
無税品 —————— 149
もち込み検査 —————— 144

や

有税品 —————— 149
輸出入・港湾関連情報処理システム
—————— 140、146
油槽船（Oil Tanker） —————— 109
輸送費・保険料込み条件 —————— 87
輸送費込み条件 —————— 86
ユニット・ロード・ディバイス —— 176
容積料金 —————— 116
用船契約 —————— 108
予定保険 —————— 221

ら

ライナー —————— 108
陸揚重量条件／陸揚数量条件 —— 91
陸上輸送 —————— 172
リマーク —————— 226
冷凍コンテナ（Reefer Container） —— 111
ローダー —————— 178

わ

和解 —————— 231
割増料金 —————— 113

著者　木村雅晴（きむら まさはる）

1955年生まれ。大学卒業後、貿易会社にて23年間貿易実務に携わる。その後独立し、貿易実務書の執筆と貿易実務講師として活動。各地の公的機関（経済産業振興センター・商工会議所）主催の貿易セミナーにおいて新入社員、新任者、貿易担当者向けの講師として活躍中。独自のテキストを使用し、ビジネスにすぐに役立つ知識・スキルの獲得を目指す。パワーポイント教材やDVDを活用することで、ていねいでわかりやすいセミナー・講習と定評がある。30年の長きにわたり、「貿易の仕事はおもしろい」「貿易実務をわかりやすく説明する」をモットーに実務書の執筆を続けている。貿易学会会員、日本港湾経済学会会員。
著書は『知識ゼロでも大丈夫!! 小さな会社の貿易実務がぜんぶ自分でできる本』（ソシム）、『図解 仕事の流れが一目でわかる! はじめての貿易実務』（ナツメ社）、『改訂新版 よくわかる貿易の実務』（PHP研究所）、『図解入門ビジネス 貿易英語の実用文例がよ～くわかる本』（共著・秀和システム）など多数。
ホームページ公開中　http://www.kimuraboueki.jp

執筆協力　山本修一、望月正幸、児玉裕之、田上律子、北村恵理、荒谷英兒

マンガ　松浦はこ

2008年集英社ウルトラジャンプでデビュー後、ネーム構成やビジネスコミック、挿絵など活躍の場を広げる。漫画を担当した作品に『まんがでわかる「学力」の経済学』（ディスカヴァー・トゥエンティワン）、『マンガでよくわかる 子どもが変わる 怒らない子育て』（フォレスト出版）などがある。

本文デザイン・DTP	荒井雅美（トモエキコウ）
本文イラスト	瀬川尚志
編集協力	パケット
編集担当	柳沢裕子（ナツメ出版企画株式会社）

ナツメ社Webサイト
http://www.natsume.co.jp/
書籍の最新情報（正誤情報を含む）はナツメ社Webサイトをご覧ください。

マンガでわかる
貿易実務のきほん
ぼうえきじつむ

2019年12月2日　初版発行

著者　　木村雅晴
きむらまさはる
　　　　　　　　　　　　　　　　　　　　　　　　　©Kimura Masaharu,2019
発行者　田村正隆
発行所　株式会社ナツメ社
　　　　東京都千代田区神田神保町1-52　ナツメ社ビル1F（〒101-0051）
　　　　電話　03（3291）1257（代表）　FAX　03（3291）5761
　　　　振替　00130-1-58661
制作　　ナツメ出版企画株式会社
　　　　東京都千代田区神田神保町1-52　ナツメ社ビル3F（〒101-0051）
　　　　電話　03（3295）3921（代表）
印刷所　広研印刷株式会社

ISBN978-4-8163-6738-0　　　　　　　　　　　　　　　　　　Printed in Japan
〈定価はカバーに表示してあります〉
〈落丁・乱丁本はお取り替えいたします〉

本書に関するお問い合わせは、上記、ナツメ出版企画株式会社までお願いいたします。
本書の一部または全部を著作権法で定められている範囲を超え、ナツメ出版企画株式会社に無断で複写、複製、転載、データファイル化することを禁じます。